ELISABETH KLOSE

# Raum in der Herberge

## Zu diesem Buch

Es scheint, als habe er etwas Magisches und könne geradezu Wunder wirken, der Jakobsweg nach Santiago de Compostela. Neben den Wallfahrten nach Rom und Jerusalem galt er im Mittelalter als wichtigster christlicher Pilgerweg. Die letzten 750 Kilometer durch Nordspanien von den Pyrenäen nach Galicien werden *el Camino* genannt und vor allem diese Strecke ist in letzten Jahren wieder ungeheuer populär geworden. Menschen aller Alterstufen und aus aller Herren Länder machen sich auf den Weg zum Grab des Apostels Jakobus in der Kathedrale von Santiago. Die Motive der modernen Pilger sind nicht immer christlich, viele begeben sich aus sportlichen Erwägungen oder kulturellem Interesse auf den Weg. Am Ende jedoch betrachten sie alle den Camino als eine sehr tiefgehende persönliche Erfahrung, ein fast mystisches Erlebnis. Früher wie heute kehren Jakobspilger als „neue Menschen" von ihrem Weg zurück. Doch woher kommt das, was macht die viel beschworene Magie des Camino aus?
Um dieses Geheimnis zu ergründen, arbeitete Elisabeth Klose als *Hospitalera*, ehrenamtliche Herbergswirtin, in mehreren Pilgerunterkünften – jenen Oasen des Camino also, die ein wesentlicher Bestandteil des Erlebnisses Jakobsweg sind. Aus ihren Beobachtungen und persönlichen Erfahrungen schildert sie die verschiedenen Facetten des Camino und seines Pilgertums im Wechsel der Jahreszeiten. Vor allem aber beschreibt sie die Magie dieser geschichtenumwobenen Wallfahrtsroute – einer Magie, die letztlich auch ihr eigenes Leben grundlegend veränderte.

## Zur Autorin

Elisabeth Klose arbeitete lange Zeit als politische Journalistin. Inzwischen widmet sie sich vor allem soziokulturellen und spirituellen Themen. Derzeit lebt sie im Westerwald.

Elisabeth Klose

# Raum in der Herberge

## - Hospitalera am Jakobsweg -

Impressum

1. Auflage
Satz und Druck: JUCO GmbH • www.jucogmbh.de


projekte verlag 188, Halle 2004 • www.projekte-verlag.de
Umschlaggestaltung: Niko Matuszczak nach einem Gemälde von Uri Ely
Foto Umschlag-Rückseite: privat
ISBN 3-937027-61-0

Eine Reise ist immer ein Akt der Wiedergeburt.
(Paulo Coelho: „Auf dem Jakobsweg“)

Gewidmet meinen Weggefährten diesseits und jenseits vom Camino und – in memoriam – meinen Eltern Oskar und Else Klose.

# Prolog

Bevor ich mich aufmachte, um als *Hospitalera* – als ehrenamtliche Herbergswirtin – in Pilgerunterkünften am Jakobsweg zu arbeiten, wurde im Freundeskreis gern darüber spekuliert, was ich während dieser Zeit wohl alles erleben könnte. Die meisten Freunde fanden meinen Plan, im Urlaub in Pilgerherbergen vermeintlich niedere Dienste tun zu wollen, ziemlich verschroben. Ein Vorhaben, das nur dadurch geadelt werden konnte, dass mir dabei etwas ganz Außergewöhnliches widerfuhr. Von den Szenarien, die in diesem Zusammenhang entwickelt wurden, war meine Lieblingsphantasie folgende:

Ich stellte mir vor, auf dem Balkon der Herberge zu stehen und Decken auszuschütteln, als ich drunten am Brunnen einen Pilger sitzen sah, der sich dort die Füße kühlte. Bei dem Pilger – einem Mann gerade im passenden Alter und selbstverständlich sehr gut aussehend – handelte es sich um einen brasilianischen Großgrundbesitzer, seit einem Jahr verwitwet, der sich auf den Camino begeben hatte, um den Verlust seiner geliebten Frau zu überwinden und endlich wieder Freude am Leben zu finden. Wie ich ihn da sitzen sah, rief ich hinab: „Señor, das Brunnenwasser allein wird Ihren müden Füßen nicht helfen. Lassen Sie mich Ihnen ein Fußbad mit Essig und Salz zubereiten." Als ich ihm dann den Bottich brachte, vor ihn niederstellte und er mich dabei zum ersten Mal richtig ansah, fiel es ihm wie Schuppen von den Augen. „Heiliger Jakobus", rief er, „du hast meine Gebete schon erhört, bevor ich meinen Pilgerweg zu Ende gegangen bin. Ich habe das Glück meines Lebens wieder gefunden."

Und es ging weiter, wie es sich für ein anständiges Märchen gehört – wir pilgerten gemeinsam nach Santiago, wurden in der Kathedrale daselbst getraut, reisten danach auf seine Latifundien in Brasilien und lebten dort glücklich und in Freuden – und wenn wir nicht gestorben sind, dann leben wir noch heute.

Aber diese Phantasie war natürlich völliger Blödsinn. Im wirklichen Leben kam alles selbstverständlich total anders.

# Camino - der magische Pfad

Ich weiß noch genau, wann mir zum ersten Mal der Gedanke kam, als Hospitalera in einer Pilgerherberge am Jakobsweg zu arbeiten. Es war in Torres del Rio, einem kleinen Ort in der Provinz Navarra, und ich stand noch ziemlich am Anfang meiner Pilgerreise, hatte gerade mal vier Tage und rund 130 Kilometer auf dem Camino hinter mich gebracht, also gut ein Sechstel der Gesamtstrecke.

*Camino* ist das spanische Wort für *Weg*. Entlang des spanischen Jakobsweges bedeutet *el Camino* jedoch das Synonym für eben genau diesen Weg, den jahrtausende alten berühmten Pilgerpfad zur Kathedrale von Santiago de Compostela, wo angeblich die Gebeine des Apostels Jakobus ruhen.

Ich war zu jener Zeit mit David aus Irland unterwegs, den ich gleich in der ersten Herberge getroffen hatte, und dem ich während meiner Pilgertour immer wieder begegnen sollte. So ist das auf dem Camino: Man trifft ständig irgendwelche Leute, geht ein Stück mit ihnen, verliert sie aus den Augen, begegnet ihnen wieder oder auch nicht – wie auf dem Weg durch das Leben als solches eben auch. Schließlich wird der Camino gern als Sinnbild des Lebensweges bezeichnet.

David und ich also hatten in Torres etwas getrunken und die Mittagshitze verstreichen lassen. Nun bummelten wir ein bisschen herum, suchten die Pilgerherberge, *Albergue* oder *Refugio*, wie sie hier genannt wird, um uns dort einen Stempel in unsere *Credenciales,* die Pilgerausweise, geben zu lassen – als Souvenir und als Nachweis, dass wir dort gewesen waren.

Vor der Herberge saß eine blonde junge Frau in der Sonne. Sie trug Shorts und Wanderstiefel, sah aber nicht so aus, als sei sie an diesem Tag schon ein längeres Stück gelaufen.

„Nein, bin ich nicht", bestätigte sie lachend unsere entsprechende Frage, „ich arbeite als Freiwillige hier in der Herberge."
„Ah ja?", meinte David interessiert, um sie zum Erzählen zu ermuntern, was sie bereitwillig tat.
Sie war Amerikanerin auf Europatour und hatte ihre Pilgerreise bereits vor zwei Wochen beendet. „Danach hatte ich das Gefühl, ich sollte dem Camino etwas zurückgeben. Ich hatte Glück, traf denjenigen, der für die freiwilligen Helfer in den Privatherbergen zuständig ist – und so arbeite ich jetzt als Hospitalera hier in der Albergue."
Hospitaleras und ihre männlichen Gegenstücke die Hospitaleros, das hatten wir bereits auf unserem Camino mitbekommen, waren die Verantwortlichen in den Pilgerherbergen. Herbergseltern würde man sie im Deutschen nennen, aber diese Übersetzung fand ich unbefriedigend, weckte sie doch Assoziationen an den Geruch von Kernseife, Bohnerwachs und Muckefuck in den spartanischen Jugendherbergen meiner Teenagerjahre. Darüber kam mir die Bezeichnung „Herbergseltern" auch deshalb unpassend und sogar unfreiwillig komisch vor, weil die Hospitaleros oft viel jünger waren als die von ihnen betreuten Pilger.
Die junge amerikanische Hospitalera, die herzlich wenig von einer Herbergs-„Mutter" an sich hatte, lud uns jedenfalls ein, die Albergue, in der sie Dienst tat, anzusehen – eine hübsch gestaltete, angenehme Unterkunft für etwa drei Dutzend Pilger. Während sie uns herumführte, erläuterte sie ihre Pflichten. „Credenciales abstempeln, die Daten der Pilger in ein Buch eintragen, jeden Tag hier alles sauber machen, Blasen verarzten, gute Ratschläge geben. Im Grunde ist man als Hospitalera eine Art Mädchen für alles."
Unterdessen ging mir der Satz „dem Camino etwas zurückgeben" nicht aus dem Kopf und ich ahnte bereits zu diesem frühen Zeitpunkt meiner Pilgerreise, dass er irgendwann auch

für mich gelten, dass auch ich den Wunsch verspüren könnte, dem Weg etwas zurückgeben zu wollen.

Wieso ausgerechnet dem Camino? Ich war in meinem Leben schon viel und weit gewandert, Trekkings durch Nepal, von Hütte zu Hütte durch die Alpen – all diese Touren hatten mir gefallen, mich beeindruckt und meinen Horizont erweitert – doch nie hatte ich nur ansatzweise das Bedürfnis empfunden, dem jeweiligen Weg etwas zurückgeben zu wollen. Aber der Camino ist eben kein Weg wie andere und jeder, der ihn gepilgert ist, wird das bestätigen.

Zunächst einmal ist er sehr lang – rund 750 Kilometer von den französischen Pyrenäen bis nach Santiago de Compostela. Vier bis sechs Wochen braucht der durchschnittlich trainierte Wanderer für diese Strecke. Manche beginnen ihre Pilgerreise sogar direkt bei sich Zuhause, wo immer das sein mag, ganz Europa ist quasi von einem Netz von Jakobswegen überzogen. In Saint-Jean-Pied-de-Port beziehungsweise Somport fließen viele dieser Pfade zu zwei Hauptwegen zusammen, welche dann über die Pyrenäen führen und sich in Puente la Reina zu jener Route vereinigen, die für viele den Jakobsweg schlechthin darstellt. Diese Strecke ist die bekannteste und meistgenutzte und wird auch *Camino Francés*, Französischer Weg, genannt, weil sie von Frankreich nach Santiago geht. Sie führt durch unterschiedlichste Landschaften, über hohe Berge und sanfte Hügel, durch grüne Wälder und kühle Flusstäler, über karge Hochebenen und fruchtbare Felder, neben belebten Fernstraßen entlang und auf schmalen Saumpfaden durch einsames Land. Sie durchquert moderne Industriezonen mit langweiligen Fabrikgebäuden und hässlichen Schrotthalden ebenso wie historische Städte mit malerischen Plätzen und prächtigen Kirchen oder verwunschene Dörfer, in denen die Zeit stehen geblieben scheint.

Mir selbst kam es auf diesem Weg vor, als wanderte ich durch ein Bilderbuch, in dem Geographie und Geschichte Nordspaniens lebendig aufgeblättert würden.
Doch andere Routen – wie etwa die europäischen Fernwanderwege – sind ebenfalls lang, abwechslungsreich und geschichtsträchtig – trotzdem haben sie nicht diese sehr spezielle Faszination des Camino.
Dass dieser Camino ein ganz besonderer Weg sein musste, dämmerte mir bereits, als ich verschiedene Gewährsleute anrief, die ihn gepilgert waren, um Informationen für meine eigene Pilgerreise zu bekommen. Diese Bekannten von Bekannten hatte ich bis dahin weder gesehen noch gesprochen, doch die Bitte um praktische Ratschläge für den Jakobsweg wirkte wie ein Zaubercode oder wie das Losungswort für den Eintritt in einen Geheimbund. Voller Enthusiasmus und ohne jegliche Zurückhaltung berichteten mir diese wildfremden Menschen ausführlich von ihren Erfahrungen und teilweise sogar sehr persönlichen Erlebnissen. Eine Offenheit, die mich erstaunte und gelegentlich gar etwas seltsam berührte, wobei ich nicht ahnte, dass ich nach meiner Pilgerreise ähnlich reagieren, beim Stichwort „Camino“ ebenso offen und überschwänglich mein gesammeltes Wissen über den Weg heraussprudeln würde.
Damals kam es mir jedenfalls vor, als hafte diesem Camino, über den sich meine Gewährsleute in epischer Breite ausließen, etwas Magisches an. Was tatsächlich so ist – doch das wurde mir erst viel später klar.
Die Bücher und Artikel, die ich vor meiner Pilgerreise las und danach erneut durchsah, bestätigten unisono, dass der Camino ohne Zweifel etwas sehr Spezielles habe, das weit über die Attraktivität anderer langer Wanderrouten hinausgehe.
Dabei wird ein wesentlicher Grund für die besondere Aura des Jakobsweges in seiner Geschichtsträchtigkeit gesehen. Keltische Mythen umranken ihn ebenso wie christliche Le-

genden. Die Ursprünge der Pilgerroute, die wir heute Camino nennen, datieren Historiker auf vorchristliche Zeit, sie sind also sehr viel älter als die Verehrung des Heiligen Jakobus. Schon in grauer Vorzeit zogen Pilger nach Nordwestspanien und zwar bis nach Fisterra am äußersten westlichen Ende Europas, dem „Finis terrae", dem Ende der damals bekannten Welt, um von dort als neue Menschen zurückzukehren – so wie später die christlichen Wallfahrer, die ab Mitte des neunten Jahrhunderts zu dem auf wundersame Weise entdeckten Grab des Apostels Jakobus in Santiago zu strömen begannen.
Das Bewusstsein, auf einem Weg zu gehen, den bereits seit uralten Zeiten Millionen Pilger zurückgelegt haben, trägt ebenfalls viel zur Faszination des Camino bei. Auch ich, die ich nicht katholisch bin und deren christlicher Glaube von Vorstellungen anderer Religionen wie dem Buddhismus beeinflusst ist, fühlte mich als Pilgerin auf dem Jakobsweg wie ein kleines Glied in einer unendlich langen Kette.
Auf dem Camino Teil von einem großen Ganzen zu sein, in einer uralten Tradition zu stehen, reichte mir jedoch nicht aus als Erklärung dafür, dass zahllose Pilger den Jakobsweg als geradezu mystische Erfahrung betrachteten.
In einigen esoterischen Schriften, die ich zu Rate zog, war von geheimnisvollen Energiebahnen unter, über oder auf dem Camino die Rede. Danach soll zum Beispiel der Jakobsweg auf einer so genannten Gralslinie verlaufen und der Weg nach Santiago im Grunde nichts anderes sein als die uralte Suche nach dem Heiligen Gral, sei er nun in der tatsächlichen oder in der geistigen Welt.
Der Camino folge einer Ley-Linie schreibt die amerikanische Filmschauspielerin Shirley MacLaine, die den Jakobsweg Anfang der 90er Jahre gegangen ist, in ihrem Buch über diese spirituelle Reise. Unter Ley-Linien verstehen Esoteriker Kraftlinien oder Heilige Linien, welche die Erde wie ein

Gitternetz überziehen und uralte heilige Stätten miteinander verbinden sollen. Mit modernen Wissenschaftsmethoden seien diese Ley-Linien nicht nachweisbar, heißt es, aber sensitive Menschen könnten sehr wohl die Kraft dieser Linien spüren. Die Energie von Ley-Linien erhöht angeblich die Schwingungsrate des menschlichen Gehirns, wodurch ein höheres Bewusstsein entstehen soll und Informationen auftauchen, die zuvor unterdrückt waren. Der Camino, schreibt Shirley MacLaine, verlaufe direkt unter der Milchstraße und spiegele die Energie dieses über ihm liegenden Sternensystems.

Nun spielen Sterne in den Mythen um den Jakobsweg immer wieder eine große Rolle. Ein Sternenregen soll zu Beginn des neunten Jahrhunderts einen Bischof zum lange verschollenen Grab des Apostels Jakobus geführt haben. Der Stadtname Santiago de Compostela zeugt von dieser Entdeckung auf einem „Sternenfeld", lateinisch *Campus stellae.* Karl dem Großen sollen die funkelnden Sterne der Milchstraße im Traum den Weg nach Santiago gewiesen haben. Darum wird der Camino auch „Sternenweg" genannt. Obwohl ich von dem alten Spruch überzeugt bin, wonach es mehr Dinge zwischen Himmel und Erde gibt, als unsere Schulweisheit sich träumen lässt, wusste ich nicht recht, was ich von jenen esoterischen Theorien zum Camino halten sollte, fand sie etwas abgehoben.

Für plausibler hielt ich, was mir ein Arzt, der sich viel mit alternativen Heilmethoden und energetischen Kräften, die Einfluss auf uns haben könnten, beschäftigt hatte, zu möglichen seltsamen Phänomenen am Jakobsweg sagte.

„Gehen befreit – im wahrsten Sinne des Wortes", erläuterte er. „Während unsere Wirbelsäule in unserem technisierten Alltag oft abgeknickt und verbogen wird, kann sie nun locker schwingen. Das gibt ein befreites Gefühl und schärft zugleich die Sinne und zwar nicht nur die üblichen fünf, sondern auch

den so genannten sechsten Sinn. Damit können wir Dinge wahrnehmen, die uns sonst verborgen bleiben."
Das müsste allerdings auch auf andere lange Wege zutreffen und es scheint doch gerade eine Besonderheit des Jakobsweges zu sein, dass Ungewöhnliches zu erleben dort beinahe alltäglich ist.
Ich denke, das hat damit zu tun, wofür er angelegt wurde, denn alle Wege sind durch ihren ursprünglichen Zweck geprägt. Ehemaligen Militärtrassen haftet, selbst wenn sie längst zu schlichten Landstraßen umfunktioniert wurden, stets noch etwas Martialisches an. Einstige Schmugglerpfade haben auch als einfache Wanderrouten nach wie vor etwas Geheimnisvoll-Verschlagenes.
Der Camino wurde als Pilgerweg angelegt, auf dem Menschen über ihr im *Hier* und *Jetzt* verhaftetes Selbst hinaus gehen sollen – ist es dann verwunderlich, wenn sie das auch tun?
Vielleicht haben sich ja all die zahllosen Gebete und frommen Wünsche, die im Laufe der Jahrhunderte auf diesem Weg gedacht oder gesprochen wurden, zu einer spirituellen Energie verdichtet, die zwar mit unseren heutigen wissenschaftlichen Verfahren nicht messbar ist, aber trotzdem existiert, und der sich Pilger nur schwerlich entziehen können. Von vorchristlicher Zeit bis heute war und ist der Camino stets zugleich eine äußere wie eine innere Reise, ein „Weg der Erkenntnis", wie der brasilianische Schriftsteller Paulo Coelho in seinem berühmten Pilgertagebuch, das weltweit zum Bestseller wurde, schreibt. Damit steht er allen Menschen offen, egal welchen Glauben sie haben oder ob sie Atheisten sind.
Über all diese Dinge, über die angebliche oder tatsächliche Magie des Weges, machte ich mir jedoch herzlich wenig Gedanken, als ich an einem heißen August-Tag in Saint-Jean-Pied-de-Port meinen Rucksack schulterte, um loszu-

marschieren, und mir just in diesem Moment der Reporter eines deutschen Fernsehsenders sein Mikrofon unter die Nase hielt. „Warum wollen Sie den Jakobsweg machen?"
„Na, aus sportlichen Erwägungen", antwortete ich leichthin, weil das zu jenem Zeitpunkt durchaus im Wesentlichen meiner Motivation entsprach, „ich hab mir gedacht, danach spielen Speckröllchen keine Rolle mehr für mich."
Auf den entgeisterten Blick des Reporters hin nahm ich mich zusammen und besann mich, warum mich wenige Wochen zuvor ein Artikel über den Jakobsweg im Reiseteil einer Zeitschrift derart angesprungen hatte. Darin war in der Tat viel von sportlichem Anspruch und interessanter Routenführung die Rede gewesen, doch Ähnliches hatte ich schon früher gelesen und deshalb stand ich nun nicht hier in Saint-Jean. Ich hatte vielmehr das Gefühl gehabt, *jetzt* sei die Zeit reif für mich, den Jakobsweg zu machen. Ich hatte Liebeskummer und war unzufrieden mit meinem Leben, wollte Abstand gewinnen – doch all das mochte ich dem Fernsehmann nicht sagen.
„Ich sehe es als eine große Herausforderung, eine so lange Strecke zu Fuß zu gehen und dabei ein Land auf eine Art kennen zu lernen, zu der man sonst gar nicht die Möglichkeit hat", formulierte ich deshalb lahm und langweilig.
Dem Reporter war das als Motivation zu mager für seinen Kirchenfunkbericht über die Mühsale des Jakobsweges. Darin kamen später nur Menschen zu Wort, die den Camino aus einer schweren Lebenskrise heraus angetreten hatten.
Dabei sind die Gründe, sich auf den Jakobsweg zu begeben, heutzutage wirklich oft eher banal – sportlicher Ehrgeiz, Abenteuerlust, sich etwas beweisen wollen, allgemeiner Frust – während es in alter Zeit vornehmlich aus religiöser Motivation heraus geschah. Den Reliquien des Heiligen Jakobus wurden übernatürliche Kräfte zugeschrieben und die Menschen damals erhofften sich die Heilung von

Leib und Seele als Lohn für die strapaziöse Pilgerreise zum Apostelgrab. Heute gilt für viele eher der Spruch: Der Weg ist das Ziel.
Wie auch immer – ich ging los und nach ein paar Tagen begannen sie, ihre Wirkung zu tun, diese seltsamen Kräfte am Camino, Magie oder was immer es sein mochte, und zwar ohne dass ich es zunächst recht merkte.
Ich war noch keine Woche unterwegs, da stellte ich auf einmal fest, dass es egal war, ob ich problemlos in der Lage war, 30 Kilometer am Tag zu wandern oder nicht, ich musste mir nichts mehr beweisen und meine Speckröllchen spielten tatsächlich keine Rolle mehr, allerdings aus ganz anderen Gründen. Vieles, was ich Zuhause für wichtig gehalten hatte, war nicht mehr relevant, meine Perspektiven verschoben sich. Der Jakobsweg war dabei, von einer sportlichen Herausforderung zu einer spirituellen Erfahrung zu werden – von anderen Pilgern weiß ich, dass es ihnen ähnlich erging.
Ich begann, den Camino als ein Geschenk zu betrachten, das ich mir selber machte, und von dem ich zehren konnte, wenn ich wieder zurückkehrte auf den alltäglichen Weg, den man *Leben* nennt.
Und ich war unheimlich dankbar, dass ich mir dieses Geschenk machen konnte. Manchmal hielt ich mitten im Wandern inne, blieb irgendwo stehen, sah auf das Wegstück, das ich bereits zurückgelegt hatte und das, welches noch vor mir lag, und sagte einfach nur „Danke“. Dabei genierte ich mich zunächst immer ein bisschen und kam mir ziemlich kitschig vor, bis mir eine Mitpilgerin gestand, dass sie es ganz genauso machte.
Auch das gehört zum Camino – Gefühle zulassen können, die man im nüchternen Alltag oft abblockt.
Diese „Magie“ des Camino soll übrigens erstaunlicherweise nicht weniger werden, wenn man ihn ein zweites oder drittes Mal geht – sondern im Gegenteil geradezu süchtig machen.

„Du gehst den Weg einmal, dann noch einmal – und irgendwann hat er dich, lässt er dich nicht mehr los“, erklärte mir ein erfahrener Wiederholungspilger.
Mich ließ der Camino schon nach dem ersten Mal nicht mehr los und deshalb war es nur logisch, dass ich am Ende des Weges den Gedanken wieder aufgriff, den mir die junge Amerikanerin in Torres del Rio bereits zu Anfang in den Kopf gesetzt hatte. Ich beschloss, im nächsten Jahr als Hospitalera wiederzukommen – einmal, um dem Camino ebenfalls etwas zurück zu geben, aber vor allem, um diesen magischen Pfad von anderer Warte aus kennen zu lernen und dabei vielleicht sein Geheimnis zu ergründen.

# Herbergen - Oasen am Weg

Bevor ich mich zum Camino aufmachte, hatte ich mit Pilgerherbergen nicht viel im Sinn. Ich konnte mir nicht vorstellen, dass ich es gut finden würde, in solchen Massenquartieren zu übernachten, plante vielmehr, mir jeweils ein nettes kleines Gasthaus zu suchen und nur im Notfall auf Albergues auszuweichen. Das erklärte ich auch meinen Camino-Gewährsleuten, als sie mir Tipps für besonders angenehme Herbergen geben wollten.

„Das ist aber schade“, meinten die daraufhin unisono, „da verpassen Sie eine ganze Menge.“

Meine Güte, dachte ich und zog eine Grimasse, was sie am Telefon natürlich nicht sehen konnten. Was sollte ich schon verpassen außer durchgelegenen Matratzen, zweifelhaften sanitären Anlagen, fremdem Schweißgeruch und schnarchenden oder sonstwie lästigen Mitpilgern?

Doch bereits meine erste Nacht in einer kleinen Privatherberge in Hunto, noch auf französischem Boden einige Kilometer hinter Saint-Jean, der einzigen Übernachtungsmöglichkeit auf der 26 Kilometer langen Etappe übers Gebirge nach Roncesvalles, ließ mich die Dinge etwas anders sehen. Eigentlich ist es doch recht nett, mit anderen Pilgern an einem langen Tisch zu sitzen, gemütlich zu essen und sich auszutauschen, dachte ich. Und so schlimm war es nun auch wieder nicht, in einem Mehrbett-Zimmer zu übernachten, zumal in jener Nacht niemand schnarchte.

Es sind die Albergues, das merkte ich im Laufe der nächsten Etappen, die dazu beitragen, den Camino von einem Weitwanderweg zu einer echten Pilgerreise zu machen. Tagsüber ist man mehr oder weniger auf sich gestellt, geht den Weg allein oder mit ein, zwei Gefährten. Abends dann in den Albergues wachsen Pilger aus aller Herren Länder und aller

Altersstufen zu einer Gemeinschaft zusammen, ein bisschen vergleichbar durchaus mit der Bergkameradschaft in Alpenhütten, doch hier kommt noch etwas hinzu.

Der Pilgerausweis, den man braucht, um in Pilgerherbergen übernachten zu dürfen, hebt seinen Träger vom Status des einfachen Wanderers in den eines Pilgers. Nomen est Omen – wer sich als Pilger bezeichnet, fühlt sich bald auch so, selbst wenn er den Weg zunächst aus profanen Gründen angetreten hat.

Der Wunsch, Santiago tatsächlich zu erreichen, eint alle Pilger und ziemlich rasch wird man sich bewusst, dass der Camino selbst heutzutage nach wie vor ein Abenteuer ist, von dem man nicht weiß, wie es letztlich ausgehen wird.

Zwar kann man sich nur schwerlich verirren auf dieser Route, die mit gelben Pfeilen, den *Flechas*, auf der gesamten Strecke hervorragend ausgezeichnet ist. Man kann nicht unterwegs verhungern oder verdursten, denn es liegt alle paar Kilometer eine Ortschaft am Wege. In unseren Zeiten moderner Kommunikation, wo fast jeder Pilger ein Mobiltelefon mit sich trägt, muss man auch nicht nach einem Unfall irgendwo hilflos liegen bleiben. Trotzdem bleibt der Camino unwägbar. Rund 750 Kilometer sind eine gewaltige Strecke und nicht jeder, der in Saint-Jean losgeht, ist ihr tatsächlich gewachsen. Es muss zwar nicht gleich so schlimm kommen wie bei jenem Pilger, den ein Herzinfarkt ereilte, woran seine in Bronze gegossenen Wanderstiefel als maka-bres Mahnmal neben dem Camino erinnern.

Doch ich habe während meiner Pilgerreise und später als Hospitalera viele sogar sportlich gut trainierte Menschen den Jakobsweg abbrechen sehen, weil Sehnenentzündungen, Muskelfaserrisse oder andere körperliche Probleme sie zur Aufgabe zwangen. Diese Unwägbarkeit, die jedem Pilger irgendwann bewusst wird, macht verletzlich und schafft in

den Albergues zwischen bis dahin einander fremden Menschen Zutraulichkeit und Nähe.
Wir halfen uns gegenseitig mit Pflaster und Salben aus, assistierten einander beim Verarzten der unvermeidlichen Blasen. Weil aber der Camino nicht nur eine körperliche, sondern auch eine spirituelle Herausforderung ist, wurde das abendliche Miteinander nicht nur von praktischer Unterstützung, sondern vor allem vom geistigen Austausch bestimmt. Wir sprachen über die Gedanken, die sich jeder tagsüber beim Wandern machte, über die Probleme, für die wir auf dem Camino eine Lösung erlaufen wollten. Dabei stellte ich fest, dass die wenigsten aus einem handfesten Grund zum Jakobsweg gekommen waren, etwa weil sie einen Schicksalsschlag verarbeiten wollten. Den meisten ging es eher wie mir, sie waren hier, weil ein unbestimmter Impuls sie dazu getrieben hatte. Erst allmählich wurde uns bewusst, welche Gründe tatsächlich dahinter stecken könnten.
Diese Gespräche – ebenso wie die stillschweigende Kameradschaft, das Gemeinschaftsgefühl, im selben Boot zu sitzen, beziehungsweise den selben Weg zu gehen – sind ein ganz wesentlicher Bestandteil des Erlebnisses Jakobsweg. Die Pilgerherbergen sind damit mehr als nur preisgünstige Unterkünfte. Sie sind die Oasen des Camino – wie die Lagerfeuer in der Wüste, wo Menschen zusammentreffen, die sich in ihrem normalen Alltag niemals begegnet oder miteinander ins Gespräch gekommen wären.
Weil jeder Pilger ein anderes Lauftempo hat und unterschiedliche Tagesetappen geht, begegnen sich in den Herbergen natürlich nicht ständig dieselben. Allerdings trifft man sich immer mal wieder und hat sich dann meist viel zu erzählen – und dabei stellte ich ein ums andere Mal fest, wie sehr wir uns alle während unserer Pilgerreise veränderten.

Seit der Jakobsweg im ausgehenden 20. Jahrhundert einen ungeheuren Aufschwung nahm und die Pilgerzahlen gewaltig anstiegen, wurde das Netz der Herbergen entlang des Weges entsprechend ausgebaut, traditionelle Pilgerunterkünfte verbessert, neue eingerichtet. Meist sind Herbergs-Verzeichnisse bereits überholt, wenn sie aus der Druckerpresse kommen. Mindestens alle zehn bis zwölf Kilometer findet sich eine Albergue, lediglich in der Provinz Palencia muss der Pilger zwischen Carrión de los Condes und Calzadilla mal eine Wegstrecke von 17 Kilometern zurücklegen, auf der es weder Unterkunft noch Verpflegung gibt – aber auf diese Besonderheit weist jedes Camino-Wanderbuch vorsorglich hin.
In alter Zeit mussten die Pilger in überfüllten Hospizen nächtigen beziehungsweise mit Scheunen vorlieb nehmen, wo sie auf ein wenig Stroh oder auf der blanken Erde schliefen.
Verglichen damit sind die Herbergen heutzutage wesentlich komfortabler – insgesamt gesehen ist ihr Standard mittlerweile auch weniger spartanisch, als es noch Shirley MacLaine in ihrem Camino-Buch beschreibt. Heiße Duschen sind inzwischen gemeinhin eher die Regel als die Ausnahme, stockfleckige blanke Matratzen findet man zum Glück immer seltener. In vielen Herbergen gibt es Laken, die mehr oder weniger regelmäßig gewechselt werden und man kann gegebenenfalls Decken für kalte Nächte ausleihen.
Eine Elektrofirma hat zahlreiche Albergues mit Münzwaschmaschinen und -trocknern ausgestattet. Teilweise wurden sogar Kaffeeautomaten aufgestellt, damit die Pilger morgens beim frühen Aufbruch, wenn im Ort noch alles geschlossen ist, wenigstens nicht ohne warmes Getränk losmarschieren müssen.
Trotz all dieser Annehmlichkeiten sind die Herbergen nicht teuer. Betrieben werden sie von Gemeinden, Pfarreien, Jakobsgesellschaften oder privat und danach richtet sich auch der Obolus, den man zu entrichten hat. Ein paar Euro kos-

tet für gewöhnlich die Übernachtung, in manchen kirchlichen Einrichtungen wird sogar nur eine Spende in freiwilliger Höhe erwartet. Privatherbergen verlangen meist ein wenig mehr, wie viel, das hängt von den angebotenen Extras wie etwa Frühstück ab.
So weit, so gut – und weil vor Gott und dem Camino alle Menschen gleich sind, gibt es strenge Regeln, damit diese Gleichheit in der Praxis gewährleistet ist. Als Pilgerin fand ich diese Vorschriften gelegentlich etwas nervig, später als Hospitalera sollte ich beim Umgang mit schwierigen Zeitgenossen froh sein, darauf verweisen zu können.
Wie gesagt, nur wer einen Pilgerausweis hat, darf in Pilgerherbergen übernachten und zwar in jeder Unterkunft nur jeweils eine Nacht. Pilgern heißt schließlich in Bewegung sein. Lediglich Krankheit und höhere Gewalt berechtigen zu einer zweiten Übernachtung in derselben Herberge. Abends ab zehn oder elf Uhr ist Nachtruhe angesagt und morgens, gegen acht, halb neun, müssen sämtliche Pilger die Herberge verlassen und weiterziehen.
Mittags, oft auch erst am Nachmittag, wird die Unterkunft wieder geöffnet und die vorhandenen Betten nach der Reihenfolge des Eintreffens belegt. Reservieren ist nicht möglich und Plätze für nachfolgende Pilger freizuhalten unzulässig. Grundsätzlich werden zuerst die Pilger untergebracht, die zu Fuß unterwegs sind. Wer den Camino mit dem Fahrrad oder Pferd macht, muss bis abends warten, ob noch etwas frei geblieben ist. Wanderer mit Begleitauto sind in den Herbergen nicht sonderlich gern gesehen und haben höchstens dann eine Chance auf Unterbringung, wenn abends spät noch viele Betten unbelegt sind. Das ist aber vor allem in den Sommermonaten so gut wie nie der Fall.
Da man nicht reservieren kann, hat die Sorge, am nächsten Etappenziel auch wirklich einen Platz in der Herberge zu finden, vor allem in der Hauptsaison zu einer kuriosen Un-

sitte geführt. Zahlreiche Pilger brechen morgens in aller Herrgottsfrüh, vielfach schon lange vor Sonnenaufgang, auf und gehen weite Strecken im Dunkeln, um nur ja am angestrebten Ort unterzukommen. Oft haben sie schon gegen elf Uhr ihr Etappenziel erreicht, sitzen vor der geschlossenen Herberge neben ihren Rucksäcken auf der Straße und warten, bis sich die Pforten öffnen. Die Nachmittage nutzen diese Nachtmarschierer meist weniger, um sich den Ort mit seinen Kirchen und Bauwerken anzusehen, als vielmehr müde in den hart erkämpften Betten Siesta zu halten, damit sie am nächsten Morgen wieder abenteuerlich früh aufbrechen können.

Es dauerte eine Weile, bis ich dahinter kam, dass das Argument, die Mittagshitze umgehen zu wollen, bei den Frühaufstehern oft nur vorgeschoben war, sondern es ihnen vor allem um die sichere Unterkunft ging. Ich empfand diesen Betten-Wettlauf eines Pilgers unwürdig, schließlich sollte man sich auf dem Jakobsweg Zeit zur Besinnung nehmen. Außerdem hatte ich mittlerweile erkannt, dass Demut und Dankbarkeit zwei wichtige Lernziele des Camino sind – Demut, auch Unangenehmes hinzunehmen und sich gegebenenfalls nach der Decke zu strecken, sprich: auf einer Matte am Boden zu schlafen – Dankbarkeit für alles unerwartete Gute, das man erfährt.

Also beschloss ich, meine Etappenziele nicht von vornherein festzulegen, mir keine Sorgen zu machen, wo ich abends ankommen und ob ich dort ein Bett finden würde.

Ich ließ mir morgens Zeit, blieb in der Herberge, solange es erlaubt war, suchte mir dann im Ort eine Bar, wo ich frühstücken konnte. Wenn ich anschließend losmarschierte, schien die Sonne zwar schon längst, doch es war noch eine Weile morgenkühl. Gegen Mittag machte ich irgendwo – meist in den Orten, wo vor den Herbergen bereits Warteschlangen saßen – eine ausgedehnte Pause, aß etwas, ließ die Hitze verstreichen, um am Spätnachmittag noch so viele Kilometer weiter zu gehen, wie ich Lust hatte. Obwohl ich im August, der absoluten Hochsaison, unterwegs war, bekam ich fast immer ein Herbergsbett.

Insgesamt habe ich, die ursprünglich generell in Pensionen übernachten wollte, dies nur vier Mal tatsächlich getan – drei Mal, weil die jeweilige Herberge überfüllt war und ich deshalb zusammen mit anderen Pilgern auf Mehrbett-Zimmer in Gasthöfen auswich, und einmal, weil ich kränklich war und darum Privatsphäre haben wollte. Aber obwohl schwach auf den Beinen, verließ ich an jenem Abend mein Hotelzimmer und machte mich auf die Suche nach der Albergue, um zu schauen, wer von meiner „Pilgerfamilie" dort angekommen war, um mit ihnen zu plaudern.

Die Herbergen entlang des Camino sind von Größe und Ausstattung her höchst unterschiedlich und ob eine Unterkunft von den Pilgern als angenehm empfunden wird, hängt viel von den Hospitaleros ab, die dort Dienst tun. Für mich blieb jedenfalls die komfortabelste Herberge in gewisser Weise ungemütlich, wenn der Hospitalero unfreundlich oder desinteressiert war. Umgekehrt fühlte ich mich in mancher weniger perfekten Albergue sehr wohl, wenn die Betreuung stimmte. *Hospitalero* und *Hospitalidad* – Gastfreundschaft – haben denselben Wortstamm, aber nicht jeder, der als Hospitalero Dienst tut, scheint sich dessen immer bewusst zu sein. In der Rückschau sind mir jedenfalls vor allem jene Herbergen in Erinnerung geblieben, deren Hospitaleros besonders liebenswürdig, warmherzig und hilfsbereit – eben gastfreundlich – waren.

Larrasoaña im Baskenland zum Beispiel, wo der alte Bürgermeister, der zugleich als Hospitalero fungierte, es mit Improvisationstalent, Humor und Einfühlungsvermögen schaffte, in der Herberge, die für 30 Pilger ausgelegt ist, über 80 unterzubringen – und zwar in schönster Eintracht. Mit guter Laune und gutem Zuspruch, hier aufmunternd eine

Schulter klopfend, dort begütigend einen Arm drückend, brachte er uns dazu, das unbequeme Massenlager als Bewährungsprobe in Sachen Gemeinschaftssinn zu betrachten. Wir schliefen alle nicht besonders gut in dieser Nacht. Es war zu eng, der Fußboden hart und die Belüftung schlecht, aber am Morgen hatten wir das Gefühl, „richtige“ Pilger geworden zu sein

Azofra in Rioja, wo uns in der kleinen Privatherberge der deutsche Hospitalero Roland abends bewirtete, ohne etwas dafür zu verlangen, und uns anderntags nicht nur mit wertvollen Tipps und guten Ratschlägen, sondern auch mit seiner Telefonnummer versehen wieder auf den Weg schickte: „Wann immer ihr Probleme habt, ruft mich an.“

Mansilla nahe León, wo ich fiebrig, elend und mit schweren Magenproblemen ankam und von der spanischen Hospitalera Laura und ihrem deutschen Kollegen Wolf hochgepäppelt und erst wieder auf den Camino entlassen wurde, nachdem ich ein Frühstück problemlos bei mir behalten konnte. Meine schmutzige Wäsche hatten sie, während ich im Delirium lag, stillschweigend gewaschen, getrocknet und neben meinen Rucksack gelegt.

Als am Ende meines Camino aus der vagen Idee, als Hospitalera zurückzukommen, ein fester Vorsatz geworden war, wollte ich selbstverständlich eine von denjenigen werden, an die sich die Pilger wegen ihrer besonderen Gastfreundlichkeit erinnerten.

Hinzu war unterdessen eine gute Portion Abenteuerlust gekommen. Es reizte mich ungeheuer, für absehbare Zeit in ein ganz anderes Leben einzutauchen, eine Arbeit zu verrichten, die sich völlig von meinem Job als Journalistin unterschied.

Bereits in Santiago zog ich Erkundigungen ein, fragte im Pilgerbüro, welche Voraussetzungen ich als Hospitalera zu erfüllen hätte.

Auf jeden Fall sollte ich etwas Spanisch können – was ich tat – und mir darüber im Klaren sein, dass *Hospitaleros volutarios*, die freiwilligen Helfer in den Pilgerunterkünften, lediglich für Kost und Logis arbeiteten. Meine Anreise müsste ich selbst bezahlen. So ähnlich hatte ich mir das bereits vorgestellt.
Des Weiteren verwies man mich auf die Pfarrherberge von Grañon, wo ein Pater namens José Ignacio regelmäßig *Cursillos*, kleine Ausbildungskurse für zukünftige Hospitaleros abhielt und diese später dorthin vermittelte, wo gerade Hilfe gebraucht wurde.
David, der schon früher einmal in Santiago gewesen war, kannte dort eine spanische Studentin namens Ana. Sie hatte bereits als Hospitalera gearbeitet, deshalb arrangierte er ein Treffen mit ihr.
„Was hat es mit diesen Kursen für Hospitaleras auf sich?“, wollte ich von Ana wissen.
„Den Camino bist du schon gegangen?“, fragte sie zurück. „Dann weißt du ja ohnehin, worauf es ankommt. Und wie alt bist du? Fünfzig? Das hätte ich jetzt zwar nicht gedacht, aber dann brauchst du so einen Kurs erst recht nicht. In meinem Cursillo waren fast nur junge spanische Mädels, die den Camino selbst noch nicht gegangen waren, aber in den Ferien mal was Soziales machen wollten.“
Trotzdem telefonierte ich später von Deutschland aus mit Pater José Ignacio, ließ mir die Termine für die Hospitalero-Kurse faxen und stellte fest, dass ich keines der Daten mit meinem Dienstplan vereinbaren konnte. Ich rief den Pater wieder an. „Ach, da Sie ja den Camino kennen, dürfte es genügen, wenn Sie einfach kommen“, erteilte er mir fernmündlich die Absolution. „Alles, was Sie wissen müssen, können Sie auch vor Ort in der Herberge lernen.“

Meine Einsatzorte organisierte ich selbst. Mit Roland in Azofra, wo es mir so gut gefallen hatte, wurde ich telefo-

nisch rasch einig, dass ich ihn im Frühjahr für zwei Wochen in seiner kleinen Herberge unterstützen würde.
Weil Journalisten quasi immer im Dienst sind, wollte ich die Erfahrungen, die ich als Hospitalera machen würde, nicht auf sich beruhen zu lassen, sondern etwas darüber schreiben.
Um das Bild abzurunden, sollte ich deshalb zusätzlich Einblicke in den Alltag einer größeren Albergue haben, überlegte ich und zog Wolf aus Mansilla zu Rate. Wir hatten seit meinem Aufenthalt dort Kontakt gehalten und telefoniert. Als er im Winter wieder in sein Heimatdorf nahe der Stadt, wo ich wohnte, zurückkehrte, trafen wir uns öfters.
Wolf kannte sämtliche Herbergen und hauptamtlichen Hospitaleros entlang des Camino, überlegte, mit wem ich mich wohl gut verstehen und wo es mir besonders gefallen könnte. Schließlich vermittelte er mir den Kontakt zu Alfredo, der für die Gemeindeherberge von Molinaseca im Westen der Provinz León verantwortlich war. Dank Wolfs Referenzen würde ich dort im Anschluss an Azofra als freiwillige Hospitalera Dienst tun können.
Molinaseca – ich erinnerte mich noch genau, wie ich auf meinem Camino an einem wunderschönen Sommermorgen, nachdem ich in einem Ort vorher übernachtet hatte, an jener Albergue vorbeikam. Die Pilger waren schon alle weitergezogen und in dem warmen goldenen Sonnenlicht vorm Haus stand eine junge Frau und schüttelte Decken aus.
Was für eine hübsche Herberge, dachte ich damals, da würde ich auch gerne mal Hospitalera sein.
Genau dieser gedachte Wunsch sollte sich nun erfüllen. Ich sah das als gutes Omen.

# Gastfreundschaft und Geschäft

## Azofra

Sicherlich gibt es Dörfer entlang des Camino, die schöner oder interessanter sind als Azofra. Doch ich mochte diesen kleinen Ort vom ersten Anblick an, war dort mit meinen Wandergefährten regelrecht hängen geblieben, obwohl wir an jenem Tag noch nicht allzu viele Kilometer zurückgelegt hatten. Nun war ich gespannt, wie es mir gefiele, wenn ich länger dort bliebe.

Das Dorf mit seinen rund 330 Einwohnern liegt in der Provinz Rioja, etwa acht bis zehn Tage Fußweg entfernt von Saint-Jean-Pied-de-Port. Der Camino führt hier hinter der Stadt Nájera, bekannt für Kloster und Kirche Santa María la Real, zunächst auf eine Hügelkette hinauf, danach geht es gemächlich bergab durch sanft gewelltes Agrarland mit Weinbergen und Feldern. Nach einer Wegbiegung sieht man in dunstiger Ferne Azofra liegen, in der Mitte die Kirche auf einer kleinen Anhöhe, um die sich die Häuser zu kuscheln scheinen – ein malerisches Bild, das mich seinerzeit sofort bezauberte. Von Nahem besehen ist der Ort wenig spektakulär, aber hübsch, mit bunten Blumen vor den Fenstern der alten Häuser und Rosenstöcken, die sich an vielen Mauern hochranken.

Wer in Azofra nicht von der Landwirtschaft lebt, arbeitet in Städten der näheren und weiteren Umgebung. Im Dorf selbst gab es, zu der Zeit als ich dort war, zwei Tante-Emma-Läden, eine Apotheke, zwei Restaurants und zwei Herbergen. Die Unterbringung von Pilgern hat hier eine lange Tradition. Schon im 12. Jahrhundert begründete eine Adelsfrau in Azofra ein Pilgerhospiz, das bis 1835 bestand.

Die beiden Herbergen jetzt waren eher klein, die von der Pfarrgemeinde unterhaltene Albergue konnte gut zwei Dut-

zend, die private ein Dutzend Pilger unterbringen. Deshalb gab es auch vage Pläne für den Bau einer größeren kommunalen Albergue.
Die Pfarrherberge nahe der Kirche war vor Jahren mit Hilfe einer Gruppe von Kölner Santiagofreunden ausgebaut und eingerichtet worden und galt als eine der freundlichsten Herbergen am Camino – was vor allem das Verdienst der hauptamtlichen Hospitalera, einer älteren Dame namens Maria, war.
Die Privatherberge am Hauptplatz des Dorfes direkt neben dem Camino hatte Roland, als ich auf meiner Pilgerreise dort Halt machte, gerade vor ein paar Monaten eröffnet. Nun während meiner Hospitalera-Zeit führte er sie im zweiten Jahr.
Die Albergue war einst ein herrschaftliches Haus gewesen mit Wirtschaftsräumen im Erdgeschoss, Wohn- und Schlafzimmern im ersten Stock und einem Speicher darüber. Viel von der einstigen Herrenhaus-Atmosphäre hatte sich nach der Umgestaltung zur Pilgerunterkunft erhalten, im Grunde war das Ganze mehr eine spanische Variante von *Bed & Breakfast*, eher eine kleine Frühstückspension als eine Herberge. Statt der herbergsüblichen Schlafsäle gab es Drei-Bett-Zimmer, ein elegantes Bad und ein kleines Wohnzimmer, von Roland liebevoll ausgestattet mit alten Möbeln, Bildern und Erinnerungsstücken, die er von seinen vorherigen Wohnsitzen mitgebracht hatte. Seine Herberge sollte kein simples Pilgerquartier sein, sondern etwas Besonderes, eine Art *Parador* unter den Refugios. Ein hoher Anspruch, schließlich sind Paradores staatliche spanische Luxushotels, eingerichtet in historischen Gebäuden. Ein Anspruch auch, den – wie ich bald merken sollte – nicht alle gleichermaßen zu schätzen wussten und der gelegentlich mit den wesentlich schlichteren Bedürfnissen mancher Pilger kollidierte.

Wie auch immer, ich fand die kleine Herberge und das überschaubare Azofra ideal, um mich in die Pflichten einer Hospitalera und in den spanischen Alltag einzufinden.
*Azofra,* erklärte mir Roland, sei das arabische Wort für die Arbeit, die Leibeigene für den Lehnsherren leisten müssen, auch das fand ich irgendwie passend.
In der Rückschau wurde mir außerdem klar, dass – wie in der Ouvertüre einer Oper – hier bereits fast alle Leitmotive für meine Zeit als Hospitalera in spanischen Pilgerunterkünften angespielt wurden.
Die Lage der Herberge hatte übrigens tatsächlich etwas Opernkulissenhaftes an sich – als Eckgebäude an dem großen Platz, der wie alle zentralen Plätze in Spanien *Plaza de España* hieß, und auf dem wie auf einer Bühne im Laufe der Zeit allerlei Szenen gespielt werden sollten.
„Das ist hier wie im *Barbier von Sevilla*", pflegte Roland zu sagen. „Der große leere Platz, alles ist ruhig – aber man weiß: Irgendwann wird etwas passieren."
Vor der Albergue, von Roland *„La Fuente"* – der Brunnen – getauft, befand sich ein eben solcher. Genau das hatte mich daheim, als wir im Freundeskreis darüber spekulierten, was ich während meiner Hospitalerazeit erleben könnte, zu meiner Phantasie von dem brasilianischen Großgrundbesitzer inspiriert. Ich konnte mir nicht verkneifen, Roland davon zu erzählen, was ihn königlich amüsierte und dazu führte, dass er fortan jeden alleinwandernden Pilgersmann, der mich zum Essen oder auf einen Drink einladen wollte, mit strenger Miene fragte: „Hast du Latifundien in Brasilien? – Nein? – Dann wird das auch nix."

Ich war an einem sonnigen Sonntag im Mai nach einer ziemlich umständlichen Reise angekommen. Mein Flieger war überbucht gewesen, deshalb hatte man mich in eine andere Maschine umdirigiert, so dass ich nicht spät abends, son-

dern erst am nächsten Mittag in Bilbao ankam. Roland konnte mich deshalb nicht, wie geplant, abholen.
Telefonisch lotste er mich in den Zug nach Miranda de Ebro und schickte mir dorthin einen Bekannten mit Auto. Am Spätnachmittag war ich endlich in Azofra, bezog meine kleine Hospitalera-Klause, die wie die Pilgerschlafräume im ersten Stock lag, und ließ mich von Roland in meine künftigen Pflichten einweisen.
Im Hausflur neben der Eingangstür stand ein Schreibtisch, dort würde ich sitzen und die Pilger in Empfang nehmen, ihre Credenciales abstempeln und ihre Daten in ein Buch eintragen. Anders als in öffentlichen Herbergen, wo Name, Herkunftsland, Passnummer, Ausgangspunkt der Pilgerreise, letzter Übernachtungsort und manchmal sogar noch mehr Daten – für irgendwelche Statistiken, wie es heißt – festgehalten werden, legte Roland auf solche Details keinen Wert.
Bei ihm lauteten die Eintragungen schlicht: „3 Deutsche, Frühstück um 7, 1 x Kakao, 2 x Tee“ oder „1 Franzose, Frühstück um 6, Milchkaffee“. Das erleichterte die Buchführung, hatte aber aus meiner Sicht den Nachteil, nicht zu wissen, wie die Leute hießen, die in der Albergue übernachteten. Doch merkte ich rasch, dass in Herbergen Namen ohnehin Schall und Rauch sind, weil man sie sich gar nicht alle merken kann. Der Einfachheit halber wurden die Pilger mit ihrer Nationalität angesprochen – „Österreich, lehn bitte den Wanderstock nicht gegen die Glasscheibe“ – was bestens funktionierte.
Nach dem Papierkram kam der Teil, der Roland unangenehm war, weshalb er vermutlich mir von Anfang an den Pilger-Empfang übertrug – nämlich das Einfordern der Übernachtungsgebühr.
Was Pilger bezahlen müssen und was sie umsonst bekommen, die schwierige Balance zwischen Gastfreundschaft und

Geschäft, das ist eine unendliche Geschichte auf dem Camino, die zurückreicht bis in die Anfänge der Jakobus-Wallfahrt. In alter Zeit galt es als höchst verdienstvoll, Pilger zu beherbergen und zu versorgen, doch auch damals geschah das keineswegs immer nur gegen Gotteslohn. Zeitgenössische Schriften belegen die Klagen von Jakobspilgern, wie teuer alles sei, wie sie geschröpft und übers Ohr gehauen würden oder wie hart sie oft für Kost und Unterkunft arbeiten müssten.

Heutzutage sollte allein der gesunde Menschenverstand jedem Pilger sagen, dass es Geld kostet, Herbergen zu betreiben. Erst müssen sie eingerichtet, dann regelmäßig renoviert werden, Wasser und Strom sind zu bezahlen, ebenso die bescheidene Entlohnung für die hauptamtlichen, sowie Unterkunft und Beköstigung für die freiwilligen Hospitaleros. Dennoch glauben viele auf dem Camino, für sie als Pilger müsste alles nahezu umsonst sein, weil sie ja schließlich die lange Wallfahrt nach Santiago auf sich nehmen. Entsprechend wurde ich, wenn ich am Eingang der Herberge saß und wie der Fährmann in der griechischen Mythologie den Obolus für den Übertritt in die in diesem Falle nicht Unter- sondern Oberwelt verlangte, dafür gerüffelt.

„Was? Acht Euro soll es hier kosten? Das ist aber happig – andere Herbergen verlangen nur drei oder vier!“

„Gewiss, aber wir bieten auch mehr als andere Herbergen“, setzte ich dann geduldig auseinander. „Hier seid ihr in Dreibett-Zimmern untergebracht, bekommt ein üppiges Frühstück und um eure schmutzige Wäsche braucht ihr euch nicht zu kümmern – die waschen wir für euch mit der Maschine. Und das alles für nur acht Euro.“

Die meisten ließen sich von dieser Argumentation überzeugen; andere versuchten allen Ernstes zu handeln. „Ich trinke morgens bloß eine Tasse schwarzen Kaffee und hab' jetzt nur ein Paar Socken zu waschen – um wie viel wird das billiger?“

Auf Diskussionen ließ ich mich in solchen Fällen gar nicht erst ein, sondern verwies freundlich auf die preiswertere Pfarrherberge. Das war oft aber auch nicht recht, vor allem dann, wenn es in der anderen Unterkunft nur noch Not-Matratzen im Flur oder unter dem Kirchenvordach gab.

„Ich bewundere dich, Elisabethchen, wie du das machst", würdigte Roland ein ums andere Mal meine Verhandlungsführung. „Ich kann das nicht so gut."

„Denk dir nichts, mein Vater war Bankkaufmann, da lernt man, in Finanzsachen unnachgiebig zu bleiben."

An meinem ersten Abend in Azofra gab es allerdings keine Diskussionen ums Geld, die Pilger zahlten klaglos ihre acht Euro und lobten später das, was sie dafür geboten bekamen. Nachdem alle Betten belegt und sämtliche Waschmaschinen mit der Pilgerwäsche durchgelaufen waren, nahm Roland mich mit in sein Stammlokal, um mich im Dorf vorzustellen.

Die „Bar Sevilla" war eine der für Spanien typischen Mischungen aus Restaurant, Kneipe und Cafetería, wo man von morgens früh bis spät in die Nacht etwas zu essen und zu trinken bekam. Die Einheimischen pflegten hier für einen Kaffee oder eine *Copa,* ein Gläschen Wein, eine Pause in ihren Arbeitsalltag einzuschieben, für Pilger gab es Frühstück und ab mittags – wie üblicherweise entlang des Camino – günstige Pilgermenüs. Die Seele des Geschäfts war Begoña, eine mädchenhaft gebliebene Frau in mittleren Jahren mit dunklem Bubikopf und liebem Gesicht. Ich verstand mich auf Anhieb gut mit ihr, was sicher nicht nur daran lag, dass wir fast gleichaltrig waren. Wir fanden einfach sofort einen Draht zueinander und freundeten uns während meiner Azofra-Zeit immer mehr an.

Rolands bester Kumpel war Enrique, ein älterer Bauer mit verschmitztem Humor, der – laut Roland – ausgesprochen wohlhabend sein sollte, was man ihm aber weder von der

Kleidung noch vom Auftreten her anmerkte. Enrique hatte eine Kehlkopf-Operation hinter sich und sprach deshalb für mich nahezu unverständlich. Er grinste, als er die Ratlosigkeit in meinem Gesicht las und entwickelte fortan eine spezielle Konversationsform extra für mich. Er warf mir einzelne Wörter, die er gerade noch halbwegs deutlich krächzen konnte, an den Kopf und ersetzte den Rest durch Gesten, Augenrollen und Grimassen. Tiefschürfende Unterhaltungen konnten wir auf diese Weise zwar nicht miteinander führen, aber wir verstanden uns.

An jenem ersten Abend tranken wir ein Gläschen guten Rioja-Wein nach dem anderen, aßen Nüsse und Roland erzählte – von Enriques Pantomime begleitet – drollige und derbe Anekdoten aus Azofras Dorfleben.

Später, nachdem der sanfte Nebel des Alkohols sich verzogen hatte und ich mir diese Geschichten noch einmal durch den Kopf gehen ließ, beschlich mich die Ahnung, dass die Strukturen in diesem idyllischen Dorf vermutlich komplizierter waren, als es auf den ersten Blick schien. Pilger auf dem Durchmarsch merken davon natürlich nichts und auch als Hospitalera auf Zeit würde ich eine Weile brauchen, bis ich einen gewissen Einblick in die Verwerfungen und Fallstricke des sozialen Geflechts bekäme.

Am nächsten Tag begann die Routine, die im Großen und Ganzen während meiner gesamten Zeit in Azofra gleich blieb. Roland stand früh auf, richtete in der Küche im Erdgeschoss das Frühstück für die Pilger und unterhielt sie, während sie es einnahmen, mit allerlei Sprüchen und Geschichten. Er hatte mich zwar an einem meiner ersten Morgen eingewiesen, wie das Frühstück zu machen sei, damit ich ihn gegebenenfalls vertreten könnte. Aber ich merkte schnell, dass er das im Grunde gar nicht wollte. Das Frühstück war *seine* Show, auf die er nur höchst ungern verzichtet hätte.

Seine Bewegungen, wie er das Brot auf dem altmodischen Grill toastete und mit Schwung ins Körbchen auf dem Tisch beförderte, wie er im hohen Bogen Kaffee nachgoss, zu seinen Geschichten gestikulierte und die graubraune Künstlermähne zurückwarf – das war geradezu eine Theatervorstellung. Ich hätte das nie so unterhaltsam hingekriegt, genauso wenig wie seine immer gleiche und stets beliebte Mahnung: „Deine Mutter hat angerufen und gesagt, ich soll dich hier nicht weglassen, bevor du mindestens 1500 Kalorien gefrühstückt hast."

Wenn der letzte Pilger mit guten Ratschlägen und Bonmots auf den Weg geleitet worden war, schlossen wir die Herberge zu, tranken unsererseits noch einen Kaffee – und dann begann *meine* Show. Die allerdings vollzog sich ohne Publikum und den Applaus dafür bekam ich – wenn überhaupt – erst beim Einzug der neuen Pilger am Nachmittag, denn meine Show war das Herrichten der Albergue für die nächsten Gäste. Ich machte die Betten der Pilger, bezog sie, wenn nötig, frisch, leerte Abfalleimer, kehrte und wischte die Böden, putzte das Bad.

Es hatte schon etwas Kurioses an sich: Ich, die ich seit Jahren daheim eine Zugehfrau beschäftigte, fand es hier höchst befriedigend, genau die Arbeiten zu verrichten, die ich ansonsten von anderen für mich machen ließ, und war stolz, wenn Pilger sagten: „Das ist ja hier sauberer als in manchem Hotel."

Meist war ich gegen zehn mit dem Reinemachen fertig. Roland, der sich währenddessen noch mal aufs Ohr gelegt hatte, stand wieder auf, und wir fuhren für gewöhnlich nach Nájera zum Einkaufen. Zwar hätten wir alles Notwendige auch in den Dorfläden bekommen, aber die Supermärkte der Stadt waren billiger.

Nach den Einkäufen nahmen wir entweder irgendwo einen Drink zu uns, bevor wir zurückfuhren, oder ich ging, während Roland schon heimfuhr, noch ein wenig Schaufensterbummeln und legte den Rückweg von Nájera zu Fuß zurück. Ich genoss diese sechs Kilometer auf dem Camino durch die Weinberge mit dem wunderbaren Blick über das weite Land, ein Vergnügen, noch dadurch erhöht, dass ich keinen Pilger-Rucksack zu schleppen brauchte.

Wenn ich „Zuhause" ankam, hatte Roland für uns gekocht – schmackhaft und einfallsreich und immer mehrere Gänge, trotz meiner Proteste, ich wollte nicht gemästet werden. Eigentlich hatte ich mir vorgestellt, dass wir uns am Herd abwechseln würden, denn ich kochte auch sehr gern, doch ich schaffte es nur ein einziges Mal, ein Mittagessen zuzubereiten. Das schmeckte zwar lecker, wie Roland beinahe widerwillig zugeben musste, trotzdem wollte er sich die Lufthoheit über Töpfen und Pfannen nicht nehmen lassen – *seine* Show.

Nachdem er anschließend die Küche wieder sauber gemacht hatte, hielt Roland Siesta und um drei Uhr begann wiederum *meine* Show. Ich bezog Posten am Schreibtisch im Hausflur, wartete auf Pilger und wies sie, wenn sie denn kamen, in die Gepflogenheiten der Herberge ein.

Am Spätnachmittag leistete Roland mir entweder Gesellschaft oder verzog sich zu den Pilgern ins Wohnzimmer, wo er in sämtlichen nötigen Sprachen über das Leben im Allgemeinen und den Camino im Besonderen parlierte. Er wusste viel aus Geschichte und Gegenwart des Weges, konnte ungeheuer witzig sein und die Pilger liebten es, ihm zuzuhören.

„Den Camino kann man in drei Abschnitte unterteilen", erklärte Roland gern. „Der erste geht von den Pyrenäen bis Burgos – das ist zum Eingewöhnen. Der zweite geht von Burgos bis León – da weiß man dann schon, auf was es beim Camino ankommt. Und hinter León nach Galicien hinein, da beginnt der Weg der Wunder."

„Was für Wunder denn?", lautete darauf regelmäßig die Frage.
„Tja", meinte Roland gedehnt mit wissendem Lächeln. „Das muss jeder selbst herausfinden."
Angesichts von Rolands Unterhaltungstalent fragte ich mich anfangs, was ich eigentlich den Pilgern bieten könnte – außer blitzblank geputzten Räumen, die sie aber nicht unbedingt meinen Aktivitäten zuschrieben. Doch es stellte sich rasch heraus, dass meine Zurückhaltung, mein freundliches Abwarten genau das waren, was eine Reihe von Pilgern wollten.
Während Roland oben den Alleinunterhalter gab, setzte sich unten der ein oder andere zu mir in den Flur und suchte das Gespräch. Meist begann es mit der Frage, ob ich immer hier in Azofra sei und seit wann. Ich erklärte dann meinen Status und wenn sie in diesem Zusammenhang hörten, dass ich den Camino ein Jahr zuvor selbst gemacht hatte, begannen sie sich zu öffnen. Sie berichteten mir von ihren Erfahrungen – wie sie die Dinge um sich herum anders als sonst wahrnahmen und ihr Leben Zuhause aus verändertem Blickwinkel zu betrachten begannen. Vielen war es ähnlich ergangen wie mir seinerzeit; sie hatten ihre Pilgerreise nicht aus einem bestimmten Grund angetreten, sondern weil sie den dringenden Wunsch verspürten, ihn *jetzt* zu gehen, weil die Zeit dafür reif war. Nicht sie hatten sich für den Camino entschieden, vielmehr hatte dieser sie geradezu gerufen.
Ursprünglich hatte ich mir vorgestellt, dass ich mit den Gästen der Herberge regelrecht Interviews machen würde zu ihren Beweggründen für die Pilgerreise, zu ihrer Meinung über die viel zitierte Magie des Camino. Angesichts des Vertrauens, das sie mir in meiner Funktion als Hospitalera entgegenbrachten, hätte ich das nun aber sehr unpassend gefunden und hielt mich deshalb zurück.
Ein junger Mann aus Toledo erzählte mir eines Abends sein ganzes Leben – in rasend schnellem Spanisch, sodass ich nur

Bruchstücke verstand, aber irgendwann merkte ich, es kam ihm gar nicht darauf an, ob ich sämtliche Einzelheiten mitkriegte. Er wollte einfach das alles loswerden und es tat ihm gut, dafür ein Gegenüber zu haben.

Mir fiel in diesem Zusammenhang ein, wie der Schauspieler Larry Hagman einmal in einer Fernseh-Talkshow erzählte, dass er sich auf einer Wohltätigkeits-Veranstaltung als Zuhörer zur Verfügung gestellt habe. Die Menschen mussten ihm ein paar Dollar bezahlen und dafür konnten sie ihm zehn Minuten lang erzählen, was immer sie wollten. Ohne Fragen, ohne Kommentar hörte er ihnen einfach nur zu – und dafür gab es einen Riesenandrang. Offenbar haben auf dieser Welt viel zu viele Menschen niemanden, der ihnen wirklich zuhört.

Nicht nur für Pilger, auch für Roland übernahm ich oft die Rolle der Zuhörerin. Spätabends, wenn wir in der Küche saßen, Wein tranken und warteten, dass die letzten Pilger vom Essen kämen, damit wir das Haus zuschließen konnten, erzählte er gern von seinem Leben. Chaotisch und unzusammenhängend, von einem Thema zum anderen springend, warf er mir Puzzlestücke seiner Vergangenheit zu, die nicht einfach zusammenzusetzen waren, da er manches heute so und morgen so erzählte. Seine Geschichte konnte ich mir deshalb nur im Groben zusammenreimen.

In Deutschland geboren und aufgewachsen, war er viel in der Welt herumgekommen. Er hatte in der Touristikbranche gearbeitet, in verschiedenen Ländern gelebt und zuletzt ein Anwesen in Südfrankreich gehabt, das er verkaufte, um das Haus in Azofra zu erwerben. Seine Frauengeschichten – und davon gab es offenbar eine Menge – schienen stets nach dem gleichen Muster zu verlaufen. Wann immer es Probleme gab, machte sich Roland auf und davon, ein chronischer Flüchter, der lieber alles hinwarf, als sich Diskussionen zu stellen.

Im reifen Alter von Mitte fünfzig lernte er dann auf dem Jakobsweg seine (wieder einmal?) große Liebe kennen, eine Schweizerin, mit der er noch mal ganz neu beginnen wollte. Am Camino sollte er stattfinden, dieser Neuanfang, in einer kleinen Privatherberge, die sie beide gemeinsam führen würden. Dazu hatte Roland ein geeignetes Haus gesucht und es in Azofra gefunden. Als ich seinerzeit auf meiner Pilgerreise in seiner Albergue übernachtete, hatte er sich gegeben, als stünde die Ankunft seiner Freundin unmittelbar bevor, müsse sie lediglich noch ihren Haushalt in der Schweiz auflösen.
Inzwischen sahen die Dinge anders aus. Roland war immer noch allein in Azofra, und es stand in den Sternen, ob seine Herzensdame jemals bei ihm einziehen würde. Denn Madame Suisse war anscheinend eine viel zu kluge Frau, als dass sie sich vom Sturm der ersten Verliebtheit zu vorschnellen Schritten hinreißen ließ. Deshalb war sie zwar ein paar Mal nach Azofra gekommen, um Roland zu unterstützen, doch sie löste mitnichten ihren schweizer Haushalt auf, sondern wollte wohl erst einmal abwarten, ob er tatsächlich das Herbergsprojekt durchziehen oder wieder bei Schwierigkeiten die Flucht ergreifen würde.
Schwierigkeiten hatte Roland, soweit ich das beobachten konnte, durchaus einige in diesem kleinen Dorf, obwohl er auf den ersten Blick dort recht gut hinzupassen schien.
Mittelgroß, leicht wettergebräunt und stets in Hospitalero-Arbeitskluft – halblangen Hosen und Hemden aus fester Baumwolle – hätte man ihn durchaus für einen Einheimischen halten können und genauso gab er sich auch.
Doch wenn er in Begoñas Lokal kam und die alten Männer am Tresen mit einem jovialen „*Hola tigres* – hallo ihr Tiger!" begrüßte, grinsten diese zwar geschmeichelt. Sie ließen sich auch gern mal von ihm auf eine Copa einladen oder gaben ihm selbst eine aus, aber er blieb ihnen in gewisser Weise suspekt. Denn er war ein Fremder, da konnte er noch so gut

Spanisch sprechen, dazu einer, dessen Lebensumstände aus Sicht der Dorfbevölkerung recht befremdlich schienen. Wieso hatte dieser Mann keine Frau und keine Familie? Warum hatte er als Deutscher ausgerechnet in Azofra eine Herberge aufgemacht – und was geschah in diesem Haus, nachts, wenn die Türen zu waren? Machte er sich etwa an Pilgerinnen heran? Solche Fragen, verstohlen getuschelt oder zuweilen auch offen an Roland gestellt, wischte dieser mit einer lässigen Handbewegung oder einem derben Spruch beiseite. Die Vorbehalte ihm gegenüber räumte er damit natürlich nicht aus.

Außerdem vermutete ich, dass Roland manchen im Dorf vor den Kopf gestoßen hatte. Mit seinen locker-lustigen Sprüchen konnte er zuweilen auch recht verletzend sein oder die Höflichkeitsgrenze überschreiten, ohne es zu merken. Freundliche Seelen wie Begoña und Enrique sahen ihm das nach, weil sie wussten, dass er es nicht wirklich böse meinte. Andere nahmen es ihm auf lange Sicht übel und zahlten es ihm auf ihre Weise heim, indem sie gegenüber Pilgern die Existenz der Privatherberge leugneten oder sie davor warnten, dort abzusteigen.

Generell haben Privatherbergen entlang des Camino keinen leichten Stand.

Anders als die kommunalen oder die Pfarrherbergen müssen sie sich vollkommen selbst tragen, bekommen keine Unterstützung von Gemeinde, Kirche oder irgendeiner Jakobusgesellschaft. Doch trotz knapper Kalkulation und – nach meiner Erfahrung – durchaus angemessenen Preisen sehen sie sich ständig dem Vorwurf ausgesetzt, Pilger „abzocken“ zu wollen.

In Azofra hatte ich einen groben Einblick in die Finanzlage der Herberge. Rund 650 Pilger, erzählte mir Roland, seien im ersten Jahr bei ihm abgestiegen. Hochgerechnet mit acht Euro pro Person ergab das eine Brutto-Jahreseinnahme von

5.200 Euro, der erhebliche Investitionen und Kosten gegenüberstanden. Das entsprach wahrhaftig nicht der viel zitierten „goldenen Nase“, die Privatherbergen sich angeblich verdienten.
Dennoch gibt es kirchliche Stellen und Gemeinden, die den Standpunkt vertreten, nur ihnen stünde es traditionell zu, Pilger zu beherbergen, weil privat betriebene Albergues der Kommerzialisierung des Camino Vorschub leisteten. Dabei übersehen sie geflissentlich, dass mit dem Jakobsweg von Anfang an auch wirtschaftliche Aspekte verbunden gewesen waren, dass Handel und Pilgerfahrt sich gegenseitig förderten und manche Orte nur deshalb blühten, weil zahllose Pilger auf der Durchreise hier Geld ließen. Obwohl heutzutage kirchliche und kommunale Herbergen allein dem ständig wachsenden Bedarf an Pilgerunterkünften kaum nachkommen könnten, werden den Betreibern privater Albergues mancherlei Steine in den Weg gelegt.
Um ihre Position bei rechtlichen Fragen und anderen Problemen zu stärken, schlossen sich deshalb Anfang dieses Jahrtausends eine Reihe von Privatherbergen zu einem Netzwerk zusammen, dem *Red de Albergues Camino de Santiago*. Gemeinsam gaben sie ein Verzeichnis sämtlicher – nicht nur der privaten – Herbergen am Camino heraus, mit detaillierten Entfernungsangaben und Informationen über Serviceeinrichtungen entlang der Route. Diese Liste war so gut, dass sie auch in vielen öffentlichen Herbergen auslag – nachdem man vorher den Urheber mit Tipp-Ex überpinselt hatte.
Zentrale des Netzwerkes war damals die Privatherberge von Ventosa, auf dem Camino fünfzehn Kilometer vor Azofra gelegen. Ab und zu fuhren wir dorthin, um Nachschub an Verzeichnissen zu holen, oder einfach nur, um die Kollegen zu besuchen und die neuesten Camino-Geschichten auszutauschen. Schon als Pilgerin war mir aufgefallen, wie schnell sich Nachrichten entlang des Weges verbreiteten, fast als gäbe

es Buschtrommeln wie im alten Afrika. Besonders gern wurden diese Camino-Trommeln für Klatsch und Tratsch benutzt, zuweilen kam es mir geradezu vor, als sei der Jakobsweg eine 750 Kilometer lange Gerüchteküche.

Anders als in öffentlichen Herbergen werden in den privaten aus wirtschaftlichen Gründen die Regeln für die Betten-Belegung meist lockerer gehandhabt. Wenn ein Pilger von unterwegs anrief und seine Ankunft für den Abend ankündigte, reservierten wir ihm ein Bett, sofern eins frei war, und einzelne Radfahrer, Gruppen allerdings nicht, durften schon früher als erst spätabends einchecken. Ging es aber darum, ob Pilger länger als eine Nacht bleiben durften, hatte Roland keine klare Linie, was es für mich nicht einfach machte; ich konnte nie voraussehen, wie er entscheiden würde.
Einem älteren deutschen Männerpaar, geistreich, witzig und unterhaltsam, bot Roland von sich aus an, länger zu bleiben, damit sie ohne Stress Tagesausflüge zu den Klöstern Cañas und San Millán abseits des Jakobsweges machen konnten.
Bei anderen Pilgern wiederum blieb er aus unerfindlichen Gründen unerbittlich, was ich im Falle von Guiseppe direkt absurd fand.
Guiseppe war ein äußerst sympathischer Italiener – allein stehend, gut aussehend, wenn auch ohne Latifundien in Brasilien, aber im passenden Alter und auf unaufdringliche Weise sehr an mir interessiert. Er hatte eine schlimme Sehnenentzündung und bat Roland deshalb um eine zweite Übernachtung für einen Rasttag. Diese Marschpause wäre nicht nur sinnvoll gewesen, sondern hätte sogar den strengen offiziellen Herbergsregeln entsprochen, die Kranken eine zweite Nacht am selben Ort zubilligten.
Doch Roland ließ nicht mit sich reden. „Dies ist eine Pilgerherberge und deshalb darf hier jeder nur eine Nacht blei-

ben", beschied er und schickte den armen Guiseppe am nächsten Morgen wieder auf den Camino, obwohl er kaum gehen konnte.
In doppelter Hinsicht bedauernd schaute ich ihm hinterher. Sollte da etwa Eifersucht bei Roland im Spiel gewesen sein? Ich schob diesen Gedanken beiseite – Quatsch. Ausgehend von den Fotos seiner zahlreichen Verflossenen, die er mir gezeigt hatte, war ich überhaupt nicht sein Typ und er im übrigen auch nicht meiner. Vermutlich hatte er lediglich aus einem Reflex heraus Platzhirschgebaren gezeigt – albern, aber nicht mehr zu ändern.
Viel Zeit für solche Überlegungen hatte ich ohnehin nicht, denn obwohl es Mai und damit eigentlich Vorsaison war, herrschte Hochbetrieb auf dem Camino. Ab frühmorgens hörte man das typische Klack-Klack der Wanderstöcke auf der Straße und es riss bis abends nicht ab. Manchmal standen schon, wenn wir aus Nájera zurückkamen, Rucksäcke in Wartereihe vor der Tür, während ihre Besitzer in der Bar Sevilla auf unsere Ankunft warteten.
„Ein merkwürdiges Jahr ist das heuer", bestätigten sich Roland und Begoña des öfteren gegenseitig, „schon jetzt so ein Betrieb wie im Sommer! Wie soll das erst im Juli und August werden?"
Die Herberge war fast täglich bis auf den letzten Platz besetzt und gelegentlich funktionierten wir sogar den Treppenabsatz zum Speicher mit einer Matratze als Notlager für einzelne Pilger oder Pärchen um. Zur Regel wollte Roland die Belegung dieses provisorischen Lagers allerdings nicht machen.
„Wir haben schließlich nur ein Badezimmer für die Pilger, da wird es schon bei zwölf Personen eng. Auf den Treppenabsatz kommen deshalb nur nette Leute, die nicht so aussehen, als würden sie Probleme machen."
Doch wer nett war und wer Probleme machen würde, ließ sich auf den ersten Blick selten eindeutig feststellen. Außerdem klafften Rolands und meine Vorstellungen von dem „ide-

alen Gast“ ohnehin auseinander. Roland bevorzugte gesetzte ältere Pilger.
„Die wissen viel mehr zu schätzen, was ihnen hier geboten wird. Außerdem sind sie finanziell besser gestellt und da gibt es keine Diskussionen ums Geld“, behauptete er.
Ich hingegen hatte es gern, wenn das Haus voll junger Leute war, fand, dass es dann meist lustiger zuging – und was die Diskussion ums Geld betraf, so war sie nach meinen Erfahrungen an der Pforte keineswegs auf eine Altersklasse beschränkt. Vom Alter unabhängig war es auch, ob Pilger zu schätzen wussten oder nicht, was ihnen in Rolands kleiner Privatherberge geboten wurde.
„Ah, ist das toll hier“, seufzte eine junge Holländerin, nachdem sie andächtig durch das Treppenhaus mit den hübschen kleinen Stichen und Gemälden an den Wänden hinaufgestiegen war, einen Blick in das gemütliche Wohnzimmer geworfen hatte und sich mit wohligem Schnauben auf ihr frisch bezogenes Einzelbett fallen ließ.
Ein älterer Amerikaner hingegen stapfte, ohne rechts und links zu blicken, die Treppe hinauf, hebelte dabei mit seinem Rucksack eines der Bilder vom Nagel, sodass es auf den Boden fiel und zerbarst. Für den Schaden legte er später zwei Euro auf den Küchentisch, was Roland als Beleidigung empfand.
„In jedem Hotel hätte der Kerl sich geschämt, weniger als 50 Euro für das kaputte Bild anzubieten“, erboste er sich. „Aber in einer Herberge denkt er, kann er’s machen.“
Es folgte ein Monolog, den ich bereits kannte, des Inhalts, dass er – Roland – hier etwas ganz besonderes zu bieten versuchte, persönliche Atmosphäre, auch von der Ausgestaltung her, und wer das nicht zu schätzen wisse, den wolle er gar nicht im Haus haben.
„Vielleicht erwartest du zu viel von den Pilgern“, suchte ich ihn zu besänftigen. „Schau mal, wenn die hier ankommen, sind sie schon über eine Woche auf dem Camino, wenn nicht

noch länger. Da wildern die einfach aus und nehmen manches gar nicht mehr so richtig wahr, weil sie ganz auf ihre unmittelbaren Bedürfnisse reduziert sind – Rucksack abstellen, duschen, was essen, schlafen. Alles andere ist nur Beiwerk. Vielleicht solltest du einfach von deinem Anspruch ein bisschen Abstriche machen."

„Bevor ich von meinem Anspruch runtergehe, mache ich den Laden hier dicht", schnaubte Roland und verzog sich auf ein paar Copas in Begoñas Lokal.

Wahrscheinlich hätte Roland besser daran getan, eine kleine feine Pension für ausgesuchte Gäste aufzumachen. Damit wäre ihm mancher Frust erspart geblieben und er hätte sich der Anerkennung sicher sein können, die er so dringend suchte. Aber nein, es sollte ja unbedingt eine Pilgerherberge sein. Über das, was ich „Auswildern" nannte, die Rückentwicklung sesshafter Bürger zu Nomaden auf Zeit mit allen dazugehörigen Unsitten, machte ich mir nicht erst Gedanken, seit ich dessen Auswirkungen beim Saubermachen der Pilgerzimmer unmittelbar mitbekam.

Es ist mir heute noch peinlich, wenn ich daran zurückdenke, wie ich seinerzeit als Pilgerin in einem gediegenen Restaurant einfach meine Wanderstiefel auszog, die Socken darüber legte und meine nackten Füße auf den Steinboden stellte. Im Normalalltag Zuhause wäre ich nie und nimmer auf die Idee gekommen, so etwas zu tun. Aber hier als Pilgerin folgte ich, ohne nachzudenken, meinen unmittelbaren Bedürfnissen: Wanderpause – heiße Füße kühlen.

Auch die Pilger in der Herberge gingen ihren spontanen Bedürfnissen nach, ohne nachzudenken. Im Bett sitzend verarzteten sie ihre Blasen mit Jod, rieben sich mit Massageöl ein, aßen Schokolade und schmierten Kugelschreiber über die Ränder ihrer Tagebücher hinaus – alles Aktionen, deren Spuren auf den Laken sich nur schwer oder gar nicht mehr entfernen ließen.

Na, was mögen sie heute wieder angestellt haben, dachte ich allmorgendlich und war richtig froh, wenn ich nur Brotkrümel oder gebrauchte Papiertaschentücher in den Betten fand. Zur Ehrenrettung muss ich allerdings sagen, dass es auch eine ganze Reihe Übernachtungsgäste in der Herberge gab, die ihre Laken morgens selber glatt zogen und alles einwandfrei hinterließen. Das versöhnte mich jedes Mal wieder mit der Pilgerschaft insgesamt und ließ mich Ausrutscher lockerer sehen.

Roland hingegen konnte Ausrutscher oft nicht auf die leichte Schulter nehmen, was unter anderem sicherlich daran lag, dass er das ganze Jahr über als Hopsitalero den verschiedensten Anforderungen und Belastungen ausgesetzt war, ich hingegen als freiwillige Helferin nur für eine begrenzte Zeit. Hinzu kam, dass in der Herberge nicht nur Pilger untergebracht wurden, sondern Roland zugleich dort wohnte. Außer seinem Schlafzimmer und dem Bad hinter der Küche, das er nur seiner (und meiner) Benutzung vorbehielt, hatte er keine Privaträume. Persönliche und öffentliche Nutzung des Hauses gingen fließend ineinander über, Konflikte waren damit im Grunde vorprogrammiert.

So kam es bald darauf wieder mal zu einem Eklat, als ein Pilger aus Rolands bevorzugter Altersklasse nachts seine Matratze, um einem schnarchenden Zimmergenossen zu entgehen, ins Wohnzimmer zog und dabei Rolands Kerzenturm zu Fall brachte.

Der arme Mann konnte froh sein, dass er am anderen Morgen für diese Untat nicht gelyncht, sondern nur unter heftigen Vorwürfen des Hauses verwiesen wurde.

„Monatelang habe ich diesen Kerzenturm hochgezogen, das war ein Kunstwerk – und der Kerl haut das einfach um“, ereiferte sich Roland später, nachdem alle Pilger längst abgezogen waren und er mir in der Küche das Vergehen im Einzelnen auseinandersetzte.

„Und die Matratze einfach über den Boden schleifen – womöglich ist jetzt der Bezug beschädigt! Schließlich ist das nicht irgendein billiges Schaumstoffding, sondern eine Federkernmatratze.“

Ich versuchte, ein gutes Wort für den Pilger einzulegen, obwohl der im Nachhinein nichts mehr davon hatte. „Das konnte er doch nicht wissen. Meine Güte, er war einfach todmüde, konnte wegen dem Schnarcher nicht schlafen, und hat sich einen ruhigen Platz gesucht. Ist das nicht irgendwie nachvollziehbar?“

Für Roland war es das nicht oder falls doch, wollte er es nicht zugeben und dem Kerzenbrecher lieber noch eine Weile gram sein.

Bei anderen Gelegenheiten konnte Roland allerdings auch erstaunlich viel Langmut und Nachsicht zeigen, offenbar hing das von seiner Tagesform ab oder zuweilen vom Geschlecht der Pilger.

Überaus geduldig zeigte er sich beispielsweise gegenüber einer Engländerin Anfang dreißig, die abends ihr Frühstück nachdrücklich für fünf Uhr bestellt hatte, in der Früh aber, ohne sich zu entschuldigen, erst um sechs erschienen war. Dann hielt sie ihm einen Vortrag über die korrekte Zubereitung von Kakao, gefolgt von einem längeren Diskurs darüber, dass es in keinem Land dieser Welt – außer in England natürlich – ein vernünftiges Frühstück gebe. Während dieser Ausführungen hatte sie sich genüsslich ein lecker duftendes Toastbrötchen dick mit Butter und Marmelade nach dem anderen genehmigt.

„Und was hast du zu ihr gesagt?“, wollte ich wissen, nachdem Roland mir von alledem berichtet hatte.

„Nichts. Das arme Ding ist schon gestraft genug“, meinte er ungewöhnlich einfühlsam. „Das ist eines von diesen frustrierten Mädels, denen irgendwer oder irgendwas im Leben übel mitgespielt hat. Das hat sie noch nicht überwunden, steht sich selbst im Weg und lässt ihren Frust an der falschen Stelle raus.“

Nachsichtig war er auch mit einer älteren Französin, die ihn morgens um vier aus dem Bett klingelte, weil sie nach dem Abendessen statt in die Herberge zurückzukehren, sich mit einem Pilgerkollegen aus der Pfarrherberge noch diverse Absacker genehmigt und dabei festdiskutiert hatte.

„Die haben die ganze Nacht auf dem Barbier-von-Sevilla-Platz gesessen und zwar genau unter meinem Fenster“, erzählte Roland später. „Sie haben über das Leben als solches geredet und über was weiß ich nicht alles philosophiert und wie eine Platte mit Sprung hat er immer wieder zu ihr gesagt: Auch du hast das Recht, glücklich zu sein, auch du!“

Als dem irgendwann nichts mehr hinzuzufügen war, hatte jeder seine Unterkunft angepeilt, und mit einem „Ich bin – hick – okay“ war die Französin an dem besorgt-entgeisterten Roland, der ihr die Tür geöffnet hatte, vorbei die Treppe hinauf gewankt.

Nach nur zwei Stunden Schlaf war sie erstaunlich frisch und wohlgemut in der Küche zum Frühstück erschienen und zwar ohne ihre bisherigen Begleiterinnen, ohne die sie sich nun auch auf den Weg machen wollte.

„Die haben mich doch bloß immer gegängelt“, sagte sie und brach auf, um endlich glücklich zu sein, wie es ihr Recht war.

„Eigentlich eine hübsche Geschichte“, meinte ich dazu.

„Finde ich auch“, sagte Roland, „und darauf trinken wir jetzt einen bei Begoña.“

Die Pilger, die bei uns abstiegen, waren so unterschiedlich wie das Leben selbst. Ein Phänomen war jedoch häufig zu beobachten: die „Scheinfamilien“, die miteinander unterwegs waren. Junge Frauen gingen den Camino mit älteren, die ihre Mutter sein könnten, ältere Männer waren begleitet

von jüngeren im Sohnesalter. Dabei handelte es sich keineswegs um gleichgeschlechtliche Paare, die Beziehung dieser Wandergefährten war vielmehr von einem Eltern-Kind-Verhältnis geprägt.
„Ist doch merkwürdig oder?“, sagte ich zu Anne und Alexandra, zwei allerdings gleichaltrigen Pilgerinnen aus Ostdeutschland, nachdem ich ihnen meine Beobachtungen geschildert hatte.
„Das ist keineswegs merkwürdig“, erklärte Anne, die – wie sich herausstellte – Psychologin war. „Schau, auf dem Camino kommen bei jedem, ob er will oder nicht, die Themen hoch, die sein Leben bestimmen. Und die Eltern-Kind-Auseinandersetzung ist schließlich eines der ganz großen Themen bei sehr vielen Menschen. Das versuchen sie nun – quasi stellvertretend – mit Ersatzeltern oder Ersatzkindern zu bearbeiten.“
„Der Camino gibt jedem das, was er braucht“, zitierte ich eine der zahlreichen Jakobsweg-Weisheiten, „selbst wenn man meint, genau das *nicht* zu brauchen.“
Ich erinnerte mich dabei an meine erste Begegnung mit David, ganz zu Anfang meines Camino im Hof der Herberge von Hunto. Mit strahlendem Lächeln war er auf mich zugekommen, wollte sich mit mir unterhalten und ich dachte nur abwehrend: Dieser Blondschopf, der aussieht wie der Leadsänger einer irischen Boygroup, ist jetzt wirklich das Letzte, was ich brauchen kann.
Tatsächlich war er genau das, was ich brauchte – und umgekehrt. Als Einzelkind aufgewachsen fand ich in ihm für die Dauer des Camino den Bruder, den ich mir immer sehnlichst gewünscht hatte – und ihm, der seine zahlreichen Geschwister sehr vermisste, ersetzte ich wenigstens eine seiner Schwestern. Wir wurden einander so vertraut, als wären wir tatsächlich zusammen groß geworden, führten Gespräche, die nur wir miteinander führen konnten, und da wir in

vielerlei Hinsicht sehr gegensätzlich waren, lernten wir eine Menge voneinander.
„Wenn der Camino jedem gibt, was er braucht, dann ist es ja nicht weiter verwunderlich, dass sich immer die richtigen finden", meinte Anne und holte mich damit wieder in die Gegenwart zurück.
Wir führten unsere Unterhaltung in Begoñas Lokal, wohin wir geflüchtet waren, denn in der Herberge war der Teufel los oder, um genau zu sein, die Großväter waren los.
Gegen Mittag hatte ein Spanier angerufen und darum gebeten, für ihn und seine Mitpilger Betten frei zu halten. Sie seien überwiegend ältere Leute und machten sich jetzt in Ventosa auf den Weg. Verblüffend schnell waren sie angekommen, vier *Abuelos,* Spanier im Großvater-Alter, mit einem jungen Argentinier und einem jungen US-Amerikaner als Ersatz-Enkel im Schlepptau. Sie bezogen ihre Zimmer und begannen Unmengen an Ausrüstung herein zu tragen: Töpfe, Pfannen, Weinflaschen, Kisten mit Lebensmitteln – kein Wunder, dass sie so schnell angekommen waren, sie mussten mindestens ein, eher zwei Begleitfahrzeuge dabei haben – und setzten an zum Generalangriff auf die Küche.
„Tut mir Leid, aber Sie können hier nicht kochen", ging Roland dazwischen. „Das ist unsere private Küche. Darin servieren wir zwar morgens das Frühstück, aber sie ist nicht dafür ausgerüstet, dass die Pilger hier kochen."
„Wir haben unsere eigene Ausrüstung dabei, das sehen Sie doch."
„Trotzdem können Sie hier nicht kochen, denn wenn Sie das tun, dann müssen wir das anderen Pilgern ebenfalls gestatten und dafür ist die Küche definitiv zu klein."
Um den streitlustigen Abuelos, die sich bereits für weitere Auseinandersetzungen formierten, entgegenzukommen, arrangierte Roland in Windeseile mit Hilfe von Enrique eine Ausweichlösung. Einer der Dorfbewohner hatte eine Art Schre-

bergarten mit Grillplatz, dort konnte die Gruppe ihr Fleisch braten und gemütlich unter blühenden Bäumen verzehren.
Am Abend begann der Ärger aufs Neue. Roland und ich räumten gerade unser Abendbrot-Geschirr zusammen, da stürmten die Großväter erneut die Küche und ließen sich diesmal auf keine Diskussionen ein.
„Wir kochen nicht, wir machen nur Salate – das wird ja wohl gehen. Wir sind echte Pilger und bereiten deshalb immer unser Essen selbst zu."
Nun ist die Selbstverpflegung keineswegs eine notwendige Voraussetzung für echtes Pilgertum – als wahre Jakobspilger gelten vielmehr gemeinhin diejenigen, die den gesamten Camino aus eigener Muskelkraft bewältigen, sei es zu Fuß, Fahrrad oder Pferd. Aber darüber mit den Auto fahrenden Abuelos diskutieren zu wollen, war sinnlos.
Wir wichen der Ellenbogen-Gewalt – ich, indem ich mich mit Anne und Alexandra zu Begoña verzog und Roland, indem er auf den Opernkulissen-Platz stürmte. Dort sahen wir ihn vom Lokal aus Kreise und Achten gehen und heftig gestikulierend Selbstgespräche führen. Später kam er herein und ließ sich mit einer Copa in der Hand auf einen Stuhl neben uns fallen.
„Wehr dich, Roland", sagte Anne. „Lass deine Wut nicht auf dem Platz da draußen aus, sondern an denjenigen, denen sie gilt."
„Es hat keinen Zweck, ich kann nicht mit denen diskutieren."
„Dann schmeiß sie ohne Diskussion raus. Wir haben die Kerle schon in mehreren Herbergen getroffen und überall war es das gleiche. Sie walzen rein wie ein Rollkommando, respektieren keine Grenzen, nehmen keinerlei Rücksicht auf andere."
Aber Roland schüttelte nur müde den Kopf und bestellte einen weiteren Wein. „Was soll's? Morgen sind sie ohnehin weg."
Die kämpferische Anne wollte die Sache jedoch nicht so ohne weiteres auf sich beruhen lassen und als der junge Amerika-

ner aus der Großvater-Truppe ins Lokal kam, knöpfte sie ihn sich vor.
„Warum bist du mit diesen Typen unterwegs?"
„Nun ja", meinte er, ein wenig verlegen ob der Auftritte in der Küche, „ich möchte halt das richtige Spanien kennen lernen und deshalb dachte ich, ich sollte mit Spaniern unterwegs sein."
„Aber diese Großväter sind verknöcherte alte Holzköpfe, die verkörpern ein Spanien, das es bald gar nicht mehr gibt. Warum gehst du nicht mit jungen Spaniern, damit du das moderne Spanien kennen lernst?"
Er wand sich, fand keine Antwort. Vermutlich fütterten die Großväter ihre Ersatz-Enkel durch und das wollte er nicht zugeben.
„Drei Kreuze schlag ich, dass die weg sind", seufzte Roland am anderen Morgen und setzte hinzu: „Siehst du, das ist das Gute in so einer Herberge – wenn unangenehme Pilger kommen, braucht man sich im Grunde gar nicht aufzuregen, man weiß genau, sie bleiben ohnehin nur eine Nacht."
Aber für die angenehmen, netten Pilger galt das ebenso und das war das Bittersüße am Hospitalera-Job. Ich lernte in der Herberge viele liebenswerte, interessante Menschen kennen, begann sie zu mögen – und am nächsten Morgen gingen sie auf Nimmerwiedersehen davon. Und anders als seinerzeit als Pilgerin hatte ich keine Chance, sie irgendwo entlang des Camino wiederzutreffen, denn ich blieb schließlich am Ort. Umso mehr freute ich mich, als eines Abends Castor und Pollux, ein korsisches Pilgerpaar, das Roland und ich besonders ins Herz geschlossen hatte, erneut vor der Türe stand. Den Spitznamen hatten wir ihnen verpasst, weil er tatsächlich Castor hieß, sie Astrologin war und sich beide unzertrennlich wie das Zwillingsgestirn gaben.
„Da sind wir wieder! Wir wollten auch auf dem Rückweg hier in dieser hübschen Herberge übernachten."

„Wie – ihr ward schon in Santiago?"
„Nein, das kommt erst nächstes Jahr. Wir haben nicht so viel Urlaub und legen den Jakobsweg deshalb in mehreren Jahres-Etappen zurück."
An diesem Wiedersehensabend, den wir mit Wein bei Kerzenschein feierten, erzählten Castor und Pollux, dass sie nach Santiago pilgerten, um für die Rettung von Castors Leben zu danken. Beinahe wäre er von einem wildgewordenen Stier getötet worden, doch der Hund des Paares ging mutig dazwischen, attackierte den Stier und lenkte ihn ab, so dass der schwer verletzte Castor in Sicherheit gebracht werden konnte. Aus Dankbarkeit hatten sie den treuen Hund ebenfalls mit auf die Pilgerreise genommen und er marschierte mit Pollux die vollen Etappen, während Castor, seit dem Stier-Angriff nicht mehr gut zu Fuß, nur kurze Strecken ging und ansonsten den beiden mit dem Auto folgte.
Der ruhige, humorvolle Castor und die charmante, hübsche Pollux waren bereits bei ihrem ersten Aufenthalt in der Herberge derart liebevoll miteinander umgegangen, dass es Freude machte, sie zu beobachten. Nun auf dem Rückweg wirkten sie – obwohl schon seit zwölf Jahren zusammen – wie ein junges Paar in den Flitterwochen. Es schien, als habe der gemeinsame Jakobsweg ihrer Beziehung zusätzliche Innigkeit gegeben.
Wie schön, dachte ich. Auf meiner eigenen Pilgerreise hatte ich gesehen, dass das keineswegs bei allen Paaren auf dem Camino der Fall war.

Die Tage gingen dahin wie fließendes Wasser, Geschichten, die heute relevant waren, wurden morgen von neuen überlagert, und oft kriegte ich nicht mehr zusammen, was vorgestern gewesen war.
„Ich verstehe das nicht", meinte ich in einer ruhigen Minute zu Roland. „Die Arbeit hier ist eigentlich nicht hart, ich

bekomme genug Schlaf – warum empfinde ich das alles als derart anstrengend?"
„Das ist dieser ständige Wechsel, sich jeden Tag auf neue Leute einstellen – da merkst du mal, wie das ist. Und du machst diesen Job jetzt mal für zwei Wochen, ich hingegen bin das ganze Jahr Hospitalero. Verstehst du nun, warum mir manchmal die Nerven durchgehen?"
Ich nickte und tat ihm im Stillen Abbitte, was mir umso leichter fiel, als mich seine cholerischen Ausraster nicht trafen.
Eigentlich kamen wir sehr gut miteinander aus. Roland war zwar de facto mein Chef, aber er ließ das – mal abgesehen von seiner Bevormundung am Mittagstisch – nicht heraushängen und sofern ihm nicht gerade jemand quer kam, war er ein großartiger Hospitalero. Wir gingen kameradschaftlich miteinander um und hatten die Kompetenzen sinnfällig aufgeteilt. Außerdem achtete Roland darauf, dass trotz Arbeit und Stress Spaß und Vergnügen nicht zu kurz kamen. Gelegentlich fuhren wir übers Land oder in die Städte in der näheren und weiteren Umgebung, aßen auswärts und öffneten die Herberge dann halt etwas später. Mehrmals täglich schoben wir – jeder für sich oder gemeinsam – eine Kaffee- oder Weinpause mit ausgiebigem Schwatz an Begoñas Tresen ein und jeden Abend nahm ich mir eine Auszeit für einen Spaziergang durch die Felder hinterm Dorf, diese wundervolle weite Landschaft, die mir immer besser gefiel. Würde ich hier leben können, überlegte ich mir dabei manchmal. Ein paar hundert Meter außerhalb von Azofra stand am Camino ein kleines Bauernhaus zum Verkauf an. Um dieses niedliche Häuschen herum spann ich gern Phantasien, stellte mir vor, dort ein Frühstückscafé einzurichten oder ein vegetarisches Restaurant ...
Der Bedarf an Gastlichkeit war schließlich groß am Jakobsweg.
„Kochst du eigentlich noch manchmal abends für die Pilger?", fragte ich Roland irgendwann. Weil er mich und mei-

ne Wandergefährten seinerzeit bewirtet hatte, glaubte ich, er täte das regelmäßig und wunderte mich nun, dass es nicht der Fall war.
„Ich würde sehr gerne hier öfters was kochen für die Leute in der Herberge", meinte Roland und zog eine bedauernde Grimasse. „Aber dann würde ich es mir mit Begoña verderben, weil ich ihr Konkurrenz machte."
„Und was ist mit dem Frühstück? Damit machst du ihr doch auch Konkurrenz."
„Nicht unbedingt, denn das serviere ich meistens früher, als sie überhaupt aufmacht."
Wenn Pilger fragten, wo sie gut essen könnten, empfahl ihnen Roland grundsätzlich die Bar Sevilla, obwohl es noch ein zweites Restaurant im Ort gab. Zunächst dachte ich, das geschehe aus purer Sympathie für Begoña, bis ich erfuhr, dass Roland sich mit Vega, der Besitzerin des anderen Lokals, schon vor längerem überworfen hatte.
Laut Roland hatte ihm Vega, als er die Herberge aufmachte, Provision angeboten, wenn er seine Pilger zu ihr zum Essen schickte. So etwas ist in Spanien vielerorts durchaus üblich. Doch er hatte Vegas Offerte mit einem derben Spruch abgelehnt und sie damit anscheinend zutiefst beleidigt, denn seither ließ sie angeblich keine Gelegenheit aus, gegen ihn zu sticheln.
Ob sonst noch etwas vorgefallen war und woher das distanzierte Verhältnis zwischen Vega und Begoña kam, erfuhr ich nicht. Begoña zuckte nur die Achseln, als ich sie danach fragte: „Das ist halt so."
Beide Lokale lagen an dem großen Platz, wobei sich Vegas Restaurant im Souterrain eines Hauses befand und man den halben Platz überqueren musste, um es zu erreichen. Für das Betreten von Begoñas direkt am Camino gelegener Bar Sevilla hingegen genügte ein simpler ebenerdiger Einkehrschwung. Lag es an diesen ungleichen Voraussetzungen, dass

ein unsichtbarer Schützengraben zwischen beiden Lokalen zu verlaufen schien? Führte das Geschäft, das mit Pilgern zu machen war, unweigerlich zu Konkurrenzverhalten, Neid und Missgunst?
Einmal hatte Vega versucht, ihren Standortnachteil auszugleichen, indem sie im Freien vor ihrem Lokal Tische und Stühle aufstellte. Schon am Mittag desselben Tages musste sie diese aber wieder entfernen.
Die Plaza de España sei ein öffentlicher Platz und nicht Teil eines Restaurants, hatte ihr der Bürgermeister, assistiert von Ordnungskräften des Dorfes, unerbittlich erklärt. Diesen Auftritt verpasste ich zwar, weil ich zu der Zeit gerade wieder einmal auf dem Rückweg von Nájera war, aber Roland hielt mich per Mobiltelefon auf dem Laufenden.
„Jetzt haben wir sie – die große Szene auf dem Barbier-von-Sevilla-Platz, die ich dir immer angekündigt habe", teilte er mir begeistert mit. „Das ist wie in einer Oper – nein einer Operette oder – noch besser – wie in einer Burleske."
Mir tat Vega fast ein bisschen Leid und da ich persönlich mit ihr weder positiv noch negativ in Berührung gekommen war, beschloss ich, mich aus alledem herauszuhalten. Deshalb verwies ich, wenn Pilger mich nach einem guten Restaurant fragten, trotz meiner Freundschaft zu Begoña auf beide Lokale: „Vergleicht einfach die Speisekarten, welche euch besser gefällt."

Obwohl die Gastfreundschaft der Herberge tunlichst dort aufhören sollte, wo sie das Geschäft anderer berührte, kochte Roland dennoch ab und zu für Pilger, die ihm besonders sympathisch waren, *Paella*, jene köstliche spanische Reispfanne, die er damals für mich und meine Wandergefährten zubereitet hatte.
Auch sonst gab es gastliche, meist recht weinselige Runden innerhalb und außerhalb des Hauses. Wenn wir in der Bar

Sevilla einen Aperitiv zu uns nahmen und Gäste aus der Herberge hinzukamen, luden wir sie gern auf ein Glas ein. Oder Enrique brachte Radieschen von seinen Feldern mit, die wir in kleiner Gruppe am Brunnen sitzend verzehrten und mit dem guten Rioja aus Begoñas Bar nachspülten.
Oft hockten wir abends mit Pilgern, wenn sie vom Essen zurückkamen, bis spät in die Nacht hinein in der Küche und führten mehr oder weniger tiefschürfende Gespräche bei Wein, Oliven, Käse oder was wir sonst gerade da hatten. Dabei fiel mir auf, dass die meisten diese Bewirtung als selbstverständlich hinnahmen, überhaupt nicht auf die Idee kamen, etwas dazu beizutragen. Einmal tat sich eine ältere Deutsche an unserem Keksvorrat gütlich, bis die Dose leer war.
„Hat sie eigentlich, bevor sie weg ist, was neben ihren Frühstücksteller gelegt?", fragte ich Roland am anderen Morgen. Statt einer Antwort blies er nur die Backen auf. „Manchmal könnte man richtig die Lust verlieren, großzügig zu sein. Ich will nicht jeden Wein und jede Olive aufrechnen, aber irgendwie muss das Ganze doch in einem gewissen Rahmen bleiben."
Zum Glück gab es Pilger, die sehr wohl die spezielle Gastfreundschaft in Rolands Herberge zu würdigen wussten und sie entsprechend vergalten. Ein Wiener alter Schule zum Beispiel verabschiedete sich von mir mit angedeutetem Handkuss, von Roland mit tiefer Verbeugung, und überreichte uns eine Flasche Wein: „Trinkt's die auf mein Wohl. Ich dank euch schön für alles."
Auch Tom Cruise gehörte zu denen, die wussten was sich gehörte – nicht der Echte natürlich, sondern ein kleiner drahtiger Australier, der wie eine blonde Jugendausgabe des berühmten US-Filmstars aussah. Seinen Spitznamen fand er großartig und gab sich entsprechend und verbreitete außerdem gute Laune in der gesamten Herberge. In der Bar Sevilla gesellte er sich später mit einigen anderen jungen Leuten zu Roland, Enrique und mir, wobei er sorg-

fältig darauf achtete, dass er und wir die Runden abwechselnd bezahlten.
Nach einer Weile verlagerten wir das Geschehen auf die Bank vor der Bar und es wurde einer dieser wunderbaren Camino-Abende, an dem alles stimmte: goldener Sonnenuntergang, ausnahmslos nette Pilger, lustige Anekdoten und gute Gespräche. Bevor es allerdings zu feucht-fröhlich wurde, zog Tom Cruise – praktisch wie die trinkfesten, Outback-erprobten Australier nun mal sind – die Notbremse: „Wir brauchen jetzt unbedingt eine feste Unterlage. Wie wär's mit Käse? Roland, wo kann man den hier im Dorf kaufen?"
„Die Straße hinauf, in Höhe der Kirche ist rechts ein Laden. Verlang den Käse, den ich immer nehme."
Wenig später kam er mit einer großen Tüte zurück, verschwand in der Herberge, wo er in der Küche eine passende Platte suchte, um darauf den Käse in mundgerechten Stückchen zu servieren. Es war genau die richtige Sorte.
„Was hast du gesagt, was du wolltest?"
„Queso Rolando hab ich gesagt, da wussten sie schon Bescheid."
„Genial. Dich kann man schicken." Roland war begeistert und als Tom Cruise am anderen Morgen weiterzog, meinte er: „Schade, den hätte ich gern länger hier behalten."
Dieser Satz stellte für Roland die höchste zu vergebende Sympathienote dar, denn diese Aussage – weiblich formuliert – war sonst nur besonders liebreizenden Pilgerinnen vorbehalten.
Zwei solche klopften einige Abende später an der Haustüre. Es war schon weit nach acht, die Herberge längst voll, inklusive Notquartier auf dem Treppenabsatz. Aber nun waren noch Nachzügler angekommen – zwei kleine Österreicherinnen, denen die Erschöpfung ins Gesicht geschrieben stand.
„Wo kommt ihr denn derart spät noch her?", fragte ich die Mädchen.

„Aus Logroño“, – was rund 50 Kilometer entfernt war –, „und wir können jetzt wirklich nicht mehr weiter. Die Pfarrherberge ist auch schon voll.“

Da standen sie mit ihren sonnenbrand-geröteten Stupsnasen und Schultern und sahen mich aus großen, hilflos geweiteten Augen bittend an – und ich konnte mit einem Mal einfach nicht anders, als innerlich gleich über ein ganzes Spalier von Schatten zu springen.

„Wartet einen Moment“, sagte ich, ging zu Roland und zog ihn beiseite.

„Wir haben da einen echten Notfall“, suchte ich ihn für meinen Vorschlag einzustimmen, „zwei Mädchen, die bis von Logroño hierher gelaufen sind und jetzt einfach nicht mehr weiter können. Im Ort ist alles voll. Was meinst du, könnte ich ausnahmsweise bei dir im Zimmer schlafen, du hast doch zwei separate Betten? Dann könnten wir den beiden Mädchen mein Zimmer geben“

Roland machte keine dumme Bemerkung und ließ keinen flapsigen Spruch los, zog vielmehr eine anerkennende Grimasse. „Das finde ich ja richtig edel von dir, dass du denen dein Bett abtreten willst. Von mir aus geht das in Ordnung.“

Die Österreicherinnen konnten ihr Glück kaum fassen, nicht nur doch noch einen Schlafplatz zu bekommen, sondern sogar ein schönes eigenes Zimmer. Erst recht dankbar waren sie, als ihnen aufging, dass Roland und ich keineswegs ein Paar waren, sondern nur extra für sie zusammenrückten.

„Manchmal trifft man Engel auf Erden“, schrieben sie ins Gästebuch der Herberge, „heute haben wir gleich zwei getroffen.“

Ich fühlte mich geschmeichelt, das zu lesen, und war zugleich ein wenig peinlich berührt. Was war denn da in mich gefahren, Gutmensch-sein gehörte doch sonst nicht unbedingt zu meinem Standard-Repertoire? Aber vielleicht war Altruismus genau eine der Lektionen, die ich als Hospitalera am Camino lernen sollte.

Mein Abschied von Azofra rückte unweigerlich näher.
„Ich habe mich so an deine Mitarbeit gewöhnt, ich weiß gar nicht, wie ich wieder ohne dich klarkommen soll", klagte Roland.
„Das schaffst du schon, vorher ging es doch auch ohne mich."
„Ja, aber du hast die Latte für künftige Hospitaleras verdammt hoch gelegt." Ein Lob, das mich freute, schließlich hatte ich mir Mühe gegeben, versucht, zu jedermann gleichermaßen nett zu sein – was nicht immer einfach war –, nicht die Geduld zu verlieren (auch mit Roland nicht) und mich herauszuhalten aus den Fallstricken der dörflichen Strukturen.
Aber hatte ich während meiner Zeit in Azofra auch mehr von der Magie des Camino ergründet, wie ich es mit vorgenommen hatte? Nicht wirklich – oder vielleicht doch und ich würde es erst später merken.
Es tat mir jedenfalls Leid wegzufahren, denn ich hatte mich hier heimisch gefühlt. Ich würde die „Frauengespräche", wie Roland sie nannte, mit Begoña vermissen, die Kaffeepausen mit ihr bei Keksen und Schokolade, die drolligen pantomimischen Unterhaltungen mit Enrique, meine Wanderungen durch das weite Land.
Aber es half nichts – ich wurde bereits anderswo erwartet. Ich suchte mir einen Zug nach Ponferrada aus, der nächstgelegenen Bahnstation zu Molinaseca, und rief Alfredo an, um ihm meine Ankunftszeit mitzuteilen.
„Mein Freund Ravi wird dich abholen und zur Herberge bringen. Wie siehst du aus?"
„Ich bin groß, blond und habe lange Haare."
„Gut. Ravi ist groß, dunkel und hat kaum noch Haare. Ihr werdet euch schon finden."
Roland ließ an meinem Abschiedstag die Herberge geschlossen, um mich persönlich nach Miranda zu fahren. In der Bahnhofskneipe tranken wir einen letzten Kaffee miteinan-

der, dann kam der Zug, Roland wuchtete meinen Rucksack hinein und winkte mir mit wehmütigem Lächeln hinterher, bis ich außer Sichtweite war.
Ich seufzte, lehnte mich in meinen Sitz zurück und versuchte, mich innerlich aus Azofra auszuklinken und auf Molinaseca einzustimmen – ein neuer Ort, eine neue Herberge und vielleicht ganz neue Erfahrungen.

# Liebe und andere Gefühle

## Molinaseca

„Es gibt ein ehernes Gesetz für alle Hospitaleros – männlich wie weiblich – und das lautet: sich niemals mit Pilgern einlassen", sagte Alfredo eines Tages streng. Ich arbeitete zu diesem Zeitpunkt schon eine Weile in Molinaseca und kannte ihn längst gut genug, um trotz der ernsten Miene das Zwinkern in seinen Augenwinkeln zu bemerken. Wir waren gerade dabei, die Albergue sauber zu machen, eine Aufgabe, bei der Alfredo unbedingt auf Arbeitsteilung bestand.

„Die freiwilligen Hospitaleros dürfen nicht als billige Putzkräfte missbraucht werden", lautete seine Maxime, die er mir gleich zu Beginn meines Einsatzes mitgeteilt hatte. ,,Nach meinem Verständnis sind auch sie Pilger, obschon auf eine andere Art. Deshalb sollten sie in ihrer Hospitalero-Zeit mehr vom Camino haben als nur sauber machen."

Eine sympathische Einstellung, fand ich, und so erledigten wir die Arbeit gemeinsam, wobei Alfredo netterweise den unangenehmsten Job, das Putzen der Toiletten und Duschen, für sich beanspruchte. Der Schlafsaal im Obergeschoss war mein Bereich, den Aufenthaltsraum unten teilten wir uns, und während wir aufeinander zuputzten, nutzten wir gern die Gelegenheit, dies und das zu besprechen.

Der Anlass für Alfredos Verweis auf das so genannte eherne Gesetz für Hospitaleros hieß Ricardo.

Ich hatte ihn bereits in Azofra kennen gelernt, wo er eines Abends im Türrahmen stand: ein überaus gut aussehender Mann mit attraktiven Silberfäden in den langen dunklen Locken, richtige Größe, richtiges Alter und dazu auch noch Brasilianer. Damit es nicht zu viel des Guten wurde, war er allerdings kein Großgrundbesitzer, aber darüber ließ sich ja großzügig hinwegsehen. Vom brasilianischen Hospitalero der

Albergue in Ventosa war uns telefonisch ein Landsmann angekündigt und beschrieben worden, weshalb ich ihn „Hallo, du musst Ricardo sein." begrüßte.
„Wie kommst du denn darauf?", wunderte er sich.
„Du siehst einfach so aus."
Er lachte, ich auch, wir sahen uns an und wussten, dass jeder dem anderen mehr als sympathisch war. Später lud Ricardo mich zum Essen bei Begoña ein und beschied Rolands obligatorische Frage „Hast du Latifundien in Brasilien?" schlagfertig mit „Aber selbstverständlich."
Bis weit nach Mitternacht hatten wir zusammengesessen, erzählt und eine Reihe von Gemeinsamkeiten entdeckt. Ricardo war Journalist wie ich, aß ebenfalls vegetarisch, und interessierte sich, genau wie ich, sehr für Spiritualität, hatte eine Menge Bücher gelesen, die ich zum Teil auch kannte. Allerdings – und das war der springende Punkt – er war nicht wie mein brasilianischer Phantasie-Latifundista verwitwet, sondern überaus verheiratet und zwar glücklich. Sagte er zumindest – was ihn aber keineswegs daran hinderte, mir Avancen zu machen.
Wie auch immer, in Azofra war es jedenfalls bei einem heftigen, jugendfreien Flirt geblieben, mit Küsschen rechts und links zum Abschied – und der Perspektive, dass wir uns vielleicht in Molinaseca wiedersähen.
Seine Ankunft dort gestaltete er wie einen Bühnenauftritt. Schon Tage vorher ließ er mir von anderen Pilgern Grüße ausrichten und sagen, dass er bald käme. Als er dann eines Abends vor mir stand – sonnenbrauner als vorher, ein bisschen verwilderter, was ihm gut stand – tat er allerdings, als müsse sein Erscheinen etwas unglaublich Überraschendes für mich sein und als sei er seinerseits völlig unschlüssig, ob er diese Nacht überhaupt in Molinaseca bleiben wollte.
Alles pures Theater, natürlich blieb er da. Wir gingen zusammen essen und nachdem der letzte Teller abgetragen war,

senkte Ricardo seine Hand in mein Haar, zog meinen Kopf zu sich und küsste mich, dass mir hören und sehen verging. „Ich möchte Liebe mit dir machen", murmelte er zwischen zwei atemlosen Küssen.
„Aber nicht in diesem Restaurant!", suchte ich Zeit zu gewinnen.
„Unter dem Tisch vielleicht?", spielte er amüsiert den Ball zurück.
Er küsste mich weiter und wilder – wahrscheinlich würde ich mich in diesem Lokal nie mehr blicken lassen können. Irgendwie schafften wir es, einigermaßen gesetzt auf die Straße zu gelangen und auf dem durch leidenschaftliche Küsse in endlose Länge gezogenen Heimweg, eröffnete ich ihm, dass er sich das Liebe machen aus dem Kopf schlagen könne.
„Es gibt zwei Möglichkeiten, wie das Ganze sein könnte", setzte ich ihm unglaublich vernünftig auseinander. „Entweder wäre es ganz toll und dann würde ich furchtbar leiden und an unerfüllter Sehnsucht ersticken, wenn du zu deiner Frau nach Brasilien zurückgehst. Und dass du das tust, ist ja wohl klar. Die andere Möglichkeit ist, dass es überhaupt nicht toll wäre – und dann können wir es von vorneherein sein lassen."
„Also, nach meiner Meinung wäre es ganz toll", meinte Ricardo, konsterniert von so viel deutsch-nüchterner Negativ-Logik. „Eben", setzte ich noch eines drauf, „und darum machen wir es auch nicht."
Um ehrlich zu sein, bin ich keine dermaßen fromme Helene, dass mich allein Ricardos Familienstand von einer Liebesnacht abgehalten hätte. Es kam aber noch das schwerwiegende Problem hinzu, wo sie denn stattfinden sollte – diese Nacht.
In Molinaseca hatte ich, anders als in Azofra, kein eigenes Hospitalera-Zimmer, sondern schlief in einem Stockbett im Pilgerschlafsaal. Sollten wir uns etwa allen Ernstes in mei-

nem oder seinem knarzenden Bett einander widmen, umgeben von schnarchenden Pilgern, und unsererseits bemüht, niemanden durch Lustseufzer zu wecken? Als Alternative hätten wir in eines der zugigen, schmuddeligen Zelte neben der Herberge ausweichen können, die als Notquartiere dienten und die in dieser kalten, regnerischen Nacht wohlweislich leer geblieben waren.

Auf die Idee, ein Pensionszimmer im Ort zu nehmen, kam Ricardo nicht – ganz abgesehen davon, dass wir zu dieser späten Stunde vermutlich ohnehin keines mehr gefunden hätten.

Also begab sich nach einem kleinen Geplänkel vor der Herberge jeder in sein eigenes Bett – ich mit Überzeugung, er mit Frust und am nächsten Morgen verabschiedete sich Ricardo nicht gerade herzlich von mir.

Verdrießlich schloss ich, nachdem alle Pilger weg waren, die Herberge zu und ging einen Kaffee trinken. Das hatte ich jetzt davon und eigentlich geschah es mir ganz recht. Ich war ja nicht Hospitalera geworden, um einen passenden Mann zu treffen, sondern um den Camino von anderer Warte aus kennen zu lernen und seine Magie näher zu ergründen. Aber wenn ich trotzdem im Vorfeld meines Einsatzes alberne Szenarien entwarf, wie ich einem tollen Brasilianer begegnete, dann brauchte ich mich nicht zu wundern, wenn ich das tatsächlich tat. Auf dem Camino passieren seltsame Dinge und ein guter Freund mit großem spirituellem Wissen hatte mich schon vor Jahren gewarnt: „Sei vorsichtig mit dem, was du dir vorstellst – es könnte wahr werden."

Bloß dass in diesem speziellen Fall die Rahmenbedingungen halt keineswegs so toll waren wie in meiner Phantasie. Zu allem Überfluss bemerkte die Kellnerin in der Cafetería nun auch noch spitz: „Na, der Junge gestern Abend war ja wohl schwer verliebt, was?"

In diesem Ort blieb wirklich nichts verborgen.

„Stimmt", bestätigte Alfredo, nachdem ich ihn vage über meine unvollendete Ricardo-Affäre inklusive Reaktion der Kellnerin in Kenntnis gesetzt hatte, bevor er das Ganze von anderer Seite erfuhr.
Er hatte daraufhin wie gesagt das eherne Hospitalero-Gesetz zitiert und, als er mein geknicktes Gesicht sah, mit einem Seufzer begütigend hinzugefügt: „Die Brasilianer sind eine Gefahr für den Camino."
„Warum das denn?"
„Sie sind so heiter und liebenswert, aber sie leben vollkommen im Heute und machen sich keine Gedanken darüber, welche Folgen ihre Handlungen für das Morgen haben könnten."
In Bezug auf Ricardo stimmte das sicher und Alfredo hatte ebenfalls entsprechende Erfahrungen. So habe einmal eine bildschöne Brasilianerin, eine echte Versuchung, wie er sagte, unbedingt etwas mit ihm anfangen wollen.
„Ich erklärte ihr, das ginge nicht, schließlich sei ich verheiratet, hätte Verantwortung, müsste an die Zukunft denken und lebte in diesem kleinen Ort, wo alles sofort öffentlich würde." Alfredo zuckte die Achseln. „Sie verstand das nicht. Aber *jetzt* könnten wir doch Spaß haben, hat sie immer wieder gesagt."
Ich konnte das Ansinnen jener Brasilianerin durchaus nachvollziehen. Alfredo war ein gut aussehender Mann um vierzig, groß, dunkelhaarig mit gepflegtem kurzem Bart, ein lässiger humorvoller Typ – kein Wunder, dass die Camino-Tratsch-Trommeln postulierten, er sei kein Kostverächter, wofür ich allerdings während meiner Zeit in Molinaseca keinerlei Bestätigung fand.
„Natürlich kann es vorkommen, dass man sich in einen Pilger in der Herberge verliebt", befand Alfredo abschließend zu potenziellen Versuchungen, denen ich noch ausgesetzt sein könnte. „Du bist eine erwachsene Frau und ich mache dir selbstverständlich keine Vorschriften. Aber als Hospitalero oder Hospitalera muss man, bei allem was man tut, immer

auch den Ruf der Herberge im Auge haben. Und wie gesagt – Molina ist klein."

Mit rund 700 Einwohnern ist Molinaseca oder Molina, wie es die Einheimischen nennen, zwar gut doppelt so groß wie Azofra. Aber hier wie dort kennt jeder jeden und fast alle im Ort sind verwandt oder verschwägert. Spätestens nach drei Tragen war ich ebenfalls bekannt wie ein bunter Hund im Ort, was auch daran lag, dass Alfredo mich an meinem ersten Abend auf einen Zug durch die Gemeinde mitgenommen und überall vorgestellt hatte. Bei dieser Gelegenheit hatte er mir gleich gezeigt, wo ich frühstücken, mittag- und abendessen könnte.

Ich würde für die nächsten vierzehn Tage als Hospitalera in der Herberge arbeiten, erklärte er in den jeweiligen Lokalen. Deshalb bräuchte ich für meine Verköstigung nichts zu bezahlen, die Rechnung solle an ihn gehen und er würde das über die Gemeinde ausgleichen.

Diese Regelung fand ich sehr praktisch, ließ sie mir doch die Freiheit, selbst zu entscheiden, wann, wo und was – und mit wem ich essen wollte.

Molinaseca liegt im Bierzo, einer für ihren Weinbau und ihre Agrarprodukte bekannten Region im Westen der Provinz Kastilien-León. Die Pilger erreichen den Ort nach einer anstrengenden, langen Wanderung über die einsamen *Montes de León*, die Leoneser Berge, eine Etappe, die mit einem steilen Abstieg endet, sodass viele keine Lust mehr haben, noch weiter zu gehen. Außerdem lohnt es sich, in Molinaseca zu bleiben, einem Bilderbuchörtchen mit schönen alten Herrenhäusern und romantischem Flair, malerisch am Fluss Meruelo gelegen, der im Sommer zu einem Naturschwimmbad aufgestaut wird – eine Art spanisches Rothenburg ob der Tauber. Doch der verträumte Eindruck, den man beim Betreten des Ortes über die romanische Steinbrücke haben mag, täuscht, in Molina kann es sehr lebhaft zugehen.

Wie in Azofra gab es hier zwei Tante-Emma-Läden und eine Apotheke, dazu aber etwa ein halbes Dutzend Gasthöfe und *Casas Rurales,* ländliche Frühstückspensionen, ein halbes Dutzend Restaurants – und vor allem rund dreißig Bars. Letztere waren oft nicht mehr als ein Kellergewölbe mit einfachem Tresen, an dem Bierzo-Wein ausgeschenkt wird, und sie hatten nur am Wochenende geöffnet. Aber gerade dann war Molina ein bevorzugtes Ausflugsziel vor allem von jungen Leuten aus der näheren und weiteren Umgebung – ab Freitagabend steppte in den engen Gassen von Molina sozusagen der Bär.

Etwa einen halben Kilometer außerhalb des Ortes an der Straße nach Ponferrada lag Molinasecas Pilgerherberge, eingerichtet in einer ehemaligen *Eremitage*, einer Wallfahrtskirche. Der Umbau für die neue Nutzung wurde seinerzeit recht geschickt vorgenommen, sodass der Charakter des Gebäudes erhalten blieb.

Breite Steinstufen, auf denen früher die Gläubigen während der Messe saßen, führten hinab in den Aufenthaltsraum der Herberge mit Kochstelle, Esstischen und einem großen Kamin in der Mitte. Am Ende des Raumes lagen die Duschen und Toiletten, jeweils separat für Männer und Frauen, im Gang dazwischen befanden sich Münzwaschmaschine und -trockner.

Der Schlafsaal auf einer eigens dafür eingezogenen hölzernen Zwischendecke wurde über zwei Treppen erreicht und hatte Betten für 26 Pilger. Weitere vier konnten bequem auf Matratzen unten im Aufenthaltsraum schlafen. In Notfällen wurden dort zuweilen noch mehr Matratzen ausgelegt, was dann aber ausgesprochen eng und unbequem für alle Beteiligten war.

Türen gab es in dieser Albergue nur vor den Waschräumen – ansonsten war alles offen. Das bewirkte einerseits eine besondere Atmosphäre von Gemeinschaftlichkeit, bot andererseits

aber keinerlei Möglichkeit zum Rückzug. Ein Mangel an Intimsphäre, der mir als Hospitalera bald schwer zu schaffen machte, denn ich hatte wie gesagt kein eigenes Zimmer.
„Ach, das geht schon in Ordnung“, meinte ich blauäugig, als Alfredo mich bei meinem Vorstellungstelefonat auf diese Besonderheit der Herberge hinwies. Schließlich hatte ich während meiner Pilgerreise fast ausnahmslos in Herbergsschlafsälen übernachtet und war gut damit klargekommen. Doch es macht einen großen Unterschied, ob man unterwegs ist oder fest an einem Ort bleibt. Als Pilgerin ging ich tagsüber weite Strecken allein und hatte abends Lust auf Gesellschaft. Außerdem war ich vom Wandern so müde, dass es mir wenig ausmachte, wenn andere im Schlafsaal schnarchten. Als Hospitalera hingegen war ich den lieben langen Tag so gut wie nie allein, immer ansprechbar, immer verfügbar, und eben davon müde – was etwas anderes ist als die Erschöpfung durch körperliche Anstrengung. Es ging mir bald an die Substanz, dass ich keine Möglichkeit hatte, am Ende des Tages eine Türe hinter mir zu schließen und alles draußen zu lassen. Außerdem störte es mich, dass ich – obwohl nicht unterwegs – aus dem Rucksack leben musste, meine Sachen nicht auspacken und ausbreiten konnte.
Vor allem wurde ich zunehmend empfindlicher gegen die diversen Geräusche im Schlafsaal. Schon in meiner ersten Nacht in Molina bekam ich einen Vorgeschmack auf das, womit ich in den beiden Wochen dort würde klarkommen müssen.
Ein Trupp Franzosen schaltete noch vor vier Uhr morgens sämtliche Lichter an, marschierte in Wanderstiefeln mit festen Tritten hin und her, diskutierte und packte zusammen. Besonders nervig fand ich dabei dieses typische Herbergsgeräusch – das raschelnde Knistern von Plastiktüten, mit denen Pilger den Inhalt ihrer Rucksäcke übersichtlicher zu gestalten suchen. Als die Franzosen endlich loszogen, waren

alle übrigen wach und machten sich ihrererseits fertig. Ich zog mir die Decke über den Kopf – sinnlos, es nützte nichts. Generell war morgens spätestens ab sechs Uhr an schlafen nicht mehr zu denken. Also stand ich früher auf, als ich eigentlich wollte, begab mich zerknittert und zerschlagen nach unten. Dort wurde ich für gewöhnlich nicht mit „Guten Morgen", sondern mit dem in mehreren Sprachen hervorgebrachten Vorwurf: „Es ist kein Klopapier mehr da", begrüßt. Das waren die Momente, in denen ich sie alle hätte erschlagen können, aber zum Glück ging es nach diesem Tiefpunkt des Tages meist nur noch aufwärts.

Franzosen scheinen übrigens eine besondere Vorliebe dafür zu haben, sich schon vor dem Morgengrauen auf den Camino zu begeben.

„*Hay Francéses* – sind Franzosen da?", fragte Alfredo deshalb gern, wenn er später wieder kam. „Nein? Glück für dich, dann hast du eine ruhige Nacht."

Sofern nicht irgendwelche ehrgeizigen Spanier, Deutsche, manchmal auch Italiener und Brasilianer auf die Idee kamen, ganz früh aufzustehen. Nach einer Woche verstand ich jedenfalls, wieso permanenter Schlafentzug als Foltermethode gilt, und als der erste Pilger, den ich aus Azofra kannte, vorbeikam, meinte er: „Du siehst aber müde aus."

Ach je, dachte ich, wo ich mich schon in Azofra oft ziemlich erschöpft gefühlt habe, sehe ich jetzt vermutlich aus wie ein Wrack.

Dennoch habe ich es keinen Tag bereut, nach Molinaseca gegangen zu sein – im Gegenteil, es war eine Erfahrung, die ich auf keinen Fall missen möchte.

Meine Arbeit als Hospitalera dort unterschied sich deutlich von der in Rolands „Fuente" und das lag nur zum Teil daran, dass die Herberge kommunal und nicht privat und außerdem größer war. Es lag vor allem an Alfredo und daran, wie er mir viel Eigeninitiative und Verantwortung ließ. Seit

Jahren war er neben seiner Arbeit in der Gemeindeverwaltung als hauptamtlicher Hospitalero für die Herberge zuständig und hatte in dieser Zeit unzählige Pilger betreut und viele freiwillige Helfer eingewiesen, dadurch genaue Menschenkenntnis und große Gelassenheit gewonnen. Er sah die Dinge mit Abstand und nahm es locker, wenn Pilger – was bemerkenswert selten vorkam – sich unbotmäßig benahmen. Anders als Roland, der verständlicherweise, denn schließlich war seine Herberge zugleich sein Heim, alles genau unter Kontrolle haben wollte, führte Alfredo die Albergue und die wechselnden Gast-Hospitaleros sozusagen am langen Zügel. Er hatte nichts dagegen, dass ich der Herberge während meiner Hospitalera-Zeit meinen persönlichen Stempel aufdrückte, zunächst vor allem mit Kleinigkeiten. Ich stellte Blumen von den nahen Wiesen im Aufenthaltsraum auf, aromatisierte den Schlafsaal nach dem Putzen mit Räucherstäbchen und hielt frisches Wasser für besonders erschöpfte Pilger bereit.

Meine tägliche Routine verlief ebenfalls anders als in Azofra. Dort hatte ich gemütlich bis halb acht schlafen können, hatte in aller Ruhe gefrühstückt und war dann gemächlich mein Tagwerk angegangen.

Hier war nichts mit gemütlich und gemächlich. Fast immer sehr früh geweckt, braute ich mir einen Pulverkaffee, um wenigstens halbwegs wach zu werden, und sah zu, dass möglichst bis acht Uhr alle Pilger draußen waren. Dann begann ich, den Schafsaal herzurichten. Von Azofra auf deutsche Pingeligkeit getrimmt, musste ich mich erst daran gewöhnen, dass die Laken hier nur in größeren Zeitabständen gewechselt wurden.

„Das machen wir insgesamt, wenn wir einen besonders sonnigen Tag haben. Dann können wir sie alle waschen und sie sind trocken, bis die Pilger kommen“, dämpfte Alfredo gleich zu Anfang meinen diesbezüglichen Eifer.

Also – Laken nur glatt ziehen, Kissen aufschütteln, trotzdem fanden die Pilger die Albergue sauber und gepflegt, was meine Theorie vom „Auswildern“ wieder einmal bestätigte. Molinaseca liegt im letzten Drittel des Jakobsweges. Wer hier ankommt, hat – sofern er nicht später in den Camino eingestiegen ist – bereits rund 500 Kilometer und an die zwei Dutzend Herbergen hinter sich, da nimmt man die Dinge nicht mehr so genau.

Nach dem Saubermachen, wobei Alfredo wie gesagt einen Gutteil übernahm, fuhren wir entweder zusammen nach Ponferrada, um das stets rasend schnell aufgebrauchte Toilettenpapier und andere Dinge für die Herberge einzukaufen – oder ich hatte frei. Meist war es dann schon gegen elf Uhr und damit blieben mir genau zwei Stunden als die einzige Zeit am Tag, die mir ganz allein gehörte. Für gewöhnlich setzte ich mich während dieser kostbaren zwei Stunden stillschweigend in eine Cafetería und war für niemanden ansprechbar. Oder ich zog mich in die Herberge zurück, las, schrieb Tagebuch, hörte Musik aus dem Walkman und genoss es einfach nur, allein zu sein.

Um eins schloss ich die Herberge auf, stellte meinen kleinen Tisch mit dem Buch, in das ich – wesentlich genauer als in Azofra – die Daten der Pilger eintrug, vor die Tür und harrte der Menschen, die da kommen sollten. Meist brauchte ich nicht lange zu warten Ich konnte die Pilger schon die Straße vom Ort herunter kommen sehen, entweder munter forschen Schritts oder schleppend mit letzter Kraft, und schätze danach im Voraus ein, ob sie lediglich einen Stempel haben und ins sechs Kilometer entfernte Ponferrada weitermarschieren wollten oder ob sie bleiben würden.

„*Hola, que lengua hablas – español, francés, inglés, alemán?* Hallo, was sprichst du – spanisch, französisch, englisch, deutsch?“, lautete stets meine Begrüßungsfrage, um je nach Antwort in der entsprechenden Sprache weiterzureden. In

der Regel bekam ich dafür sofort Sympathiepunkte von den Pilgern.
„Das ist ja wundervoll, hier können wir mit jemand in der Sprache unserer Vorfahren sprechen", freute sich ein deutsch-brasilianisches Ehepaar. Nils und Adriana wollten sich in der Heimat ihrer Väter, in Deutschland, eine Zukunft aufbauen und sahen den Camino als guten Auftakt, um im wahrsten Sinne des Wortes in Europa Fuß zu fassen. Außerdem waren sie noch nicht lange verheiratet, die Pilgerreise quasi ihre zweiten Flitterwochen.
„Warum sind eigentlich so viele Brasilianer auf dem Jakobsweg?", wollte ich von den beiden wissen.
„Och, wir Brasilianer pilgern einfach gern", erklärte Nils. „Man könnte es geradezu einen Volkssport nennen. Manchmal werden sogar ganze Autobahnteilstücke für Wallfahrten gesperrt."
„Und wegen Paulo Coelho natürlich", ergänzte Adriana, „sein Pilgertagebuch ist in Brasilien ein Bestseller."
Nicht nur dort. Ich hatte das Buch ebenfalls gelesen als Einstimmung für meinen eigenen Pilgerweg und es anfangs als mystizistischen Quark abgetan. Nach meinem Camino las ich es noch einmal und sah es nun wesentlich differenzierter. Schließlich hatte ich selbst erfahren, wie der Jakobsweg den Blickwinkel auf das Leben und das eigene Bewusstsein ändern kann. Allerdings machte ich in Coelhos Buch beim zweiten Lesen eine Reihe geografischer Ungereimtheiten aus. Ohnehin herrschen bei altgedienten Hospitaleros Zweifel, ob der Autor den Camino tatsächlich selbst gegangen sei, bevor er sein so genanntes Pilgertagebuch schrieb.
„Keiner hat ihn je unterwegs gesehen", meinte Alfredo dazu. „Shirley MacLaine schon, die ist hier vorbei gekommen."
Nach dem Erfolg seines Buches war Paulo Coelho allerdings öfters am Camino erschienen – für Fernsehaufnahmen und Interviews.

Ob er den Weg wirklich gegangen ist oder nicht – im Grunde spielt es gar keine Rolle, denn der Wert von Coelhos Buch liegt nicht darin, ein routengenauer Wanderführer zu sein. Der Verdienst dieses angeblichen oder tatsächlichen Pilgertagebuches ist es vielmehr, zahllose Menschen dazu angeregt zu haben, sich selbst auf den „Weg der Erkenntnis" zu machen. Es hat sie dazu inspiriert, in diesen Konsum- und Karriere-betonten Zeiten für ein paar Wochen all das hinter sich zu lassen, was angeblich so wichtig für unseren Alltag ist – um das Wesentliche zu suchen und den eigenen spirituellen Horizont zu erweitern.

Alfredo schätzte es sehr, dass ich in vier Sprachen kommunizieren konnte und holte mich gelegentlich, wenn er Pilger verarztete, zum Übersetzen hinzu. Für gewöhnlich kam er irgendwann im Laufe des Nachmittages wieder in die Albergue, um nach dem Rechten zu sehen und mich später an meinem Tischchen am Eingang abzulösen, damit ich essen gehen konnte.

Vor allem aber öffnete er die Bar, die in einem Anbau hinter der Herberge eingerichtet war. Dort gab es Bier vom Fass und andere Getränke, Eis und Tiefkühlpizza, was alles sehr guten Zuspruch bei den Pilgern fand, sparten sie sich damit doch den halben Kilometer zurück ins Dorf, um etwas zu essen und zu trinken zu bekommen.

Um die Albergue herum lief an drei Seiten ein breites Vordach. Auf der einen Seite standen darunter die schon erwähnten Notquartier-Zelte, auf der anderen kleine Tische mit Stühlen, an denen die Pilger gern saßen, lasen, Tagebuch schrieben, sich unterhielten, Brotzeit machten, frisch gezapftes Bier tranken oder ihre Füße in Essig-Salzwasser-Bädern kühlten. Die Etappe übers Gebirge, an deren Ende Molinaseca lag, hatte es in sich. Viele kamen mit dicken Blasen an den Füßen, Muskelkrämpfen oder,

was am schlimmsten war, Sehnenentzündung in der Herberge an.
Das Behandeln dieser Patienten war Alfredos Beritt, obwohl ich ihm dabei so oft und so genau über die Schulter sah, dass ich es durchaus selbst hätte machen können – aber er war der Profi. Er hatte eine besondere Technik, die Flüssigkeit aus Blasen herauszuholen und diese anschließend zu desinfizieren, damit am nächsten Tag ein wenigstens halbwegs schmerzfreies Weitergehen möglich war. Außerdem hatte er in verschiedenen Kursen Spezialmassagen gelernt, konnte damit Muskeln lockern und sogar Sehnenentzündungen im Anfangsstadium lindern. Er leistete all diese Dienste wie selbstverständlich und ohne Aufhebens darum zu machen und ich bewunderte ihn dafür.
Ich bewunderte auch, dass er nie den Überblick verlor, egal was passierte, und ich mochte sein *„tú tranquila* – bleib du mal ganz ruhig", wenn ich in Hektik abzugleiten drohte, etwa weil jemand die Waschmaschine falsch bediente und dabei war, den halben Aufenthaltsraum unter Wasser zu setzen. Alfredo blieb auch gelassen, wenn zehn Pilger ungeduldig am Eingang scharrten und sämtliche Betten belegt schienen, obwohl das laut den fortlaufenden Nummern in unserem Datenbuch eigentlich nicht sein konnte. Er stieg dann in den Schlafsaal hinauf, zählte die Rucksäcke und fand schnell heraus, welche Betten nur scheinbar belegt waren, um sie für Nachzügler zu reservieren, was ja nicht zulässig war.
Alfredo kannte sämtliche Tricks der Pilger, wusste um alle Probleme, die sie haben könnten – schließlich ging er den Jakobsweg selbst jedes Jahr, wenn schon nicht in gesamter Länge, so doch in Teilstücken. Der Camino war seine Leidenschaft und deshalb hatte er in jenem Jahr eine private Albergue in Vega de Valcarce, etwa 50 Kilometer von Molina entfernt, eingerichtet. Dieses Dörfchen liegt in einem

idyllischen Tal nahe dem Aufstieg zum Gebirgsort O Cebreiro, der letzten großen Steigung, die auf dem Weg nach Santiago zu überwinden ist.
Diese Herberge führte Alfredos Frau Christina, unterstützt von der deutschen Hospitalera Margit und im Sommer zusätzlich von *los dos Micheles,* Christinas Schwester und deren Mann, die lustigerweise beide Michel hießen.
„Margit ist klasse", schwärmte Alfredo. „Sie hat das Ganze von Anfang an mit aufgebaut und ist sehr tüchtig. Zunächst konnte sie kaum spanisch, hat das aber in wenigen Wochen hervorragend gelernt. Sie spricht jetzt fließend und sie ist wirklich eine Super-Hospitalera, allerdings sehr deutsch", fügte er mit einem Zwinkern hinzu, „*una cabeza cuadrada –* ein Quadratkopf halt."
Ich zwinkerte zurück, wohl wissend, dass er auch mich gelegentlich für quadratköpfig hielt, für zu genau und überkorrekt.
Wenig später hatten die beiden cabezas cuadradas Gelegenheit, sich kennen zu lernen. Weil Christina einen Termin in Molinaseca wahrnehmen musste, wurde ich für einen Tag nach Vega ausgeliehen, fuhr mit Schwager Michel hinaus.
Die Herberge lag am Eingang des Dorfes direkt neben dem Camino. Sie war in einem ehemaligen bäuerlichen Anwesen eingerichtet worden, im Erdgeschoss befand sich ein großer Ess- und Aufenthaltsraum mit offenem Kamin und einer Cafetería-Theke. Oben gab es einen großen Schlafsaal, dazu einige kleine Mehrbettzimmer – und einen separaten Raum für die Hospitalera – beneidenswert. Ansonsten brauchte ich Margit allerdings nicht zu beneiden, denn es gab in dieser Albergue ungeheuer viel zu tun. Neben den üblichen Hospitalera-Arbeiten war hier zusätzlich die Cafetería zu betreuen, in der viele Pilger gern eine Marschpause einlegten, um sich mit *Café con leche,* Milchkaffee, belegten Broten, Salat oder Omelett für den Weiterweg zu stärken. Michel stand in der Küche, wir hinterm

Tresen und bedienten, nahmen nebenbei noch die Daten derjenigen Pilger, die bleiben wollten, auf und wiesen sie in ihre Zimmer ein.

Margit, eine hübsche Brünette in den Zwanzigern, ließ sich von alledem aber nicht stressen. Sie nahm sich die Zeit, auch mal länger mit Pilgern zu plaudern, wenn ihr das angebracht schien, schuf mit ihrer Freundlichkeit und Ruhe eine angenehme Atmosphäre um sich herum.

Am Spätnachmittag reisten Christina und Schwester Michel an – zur „Fütterung der Raubtiere". Jeden Abend kochte Schwager Michel für die Pilger ein Menü, wir anderen deckten den Tisch, servierten, räumten hinterher alles wieder auf. Während rund dreißig Pilger an der langen Tafel saßen und aßen und dabei alle irgendwie mit ihren Tischnachbarn ins Gespräch kamen, hatten Margit und ich endlich Zeit zum Verschnaufen. Schwager Michel hatte uns eine besonders gute Flasche Rotwein zugesteckt, die genehmigten wir uns jetzt.

„Auf uns freiwillige Hospitaleras und Hospitaleros", hob Margit ihr Glas, „ohne uns würde auf dem Camino eine ganze Menge nicht funktionieren."

„Ich finde es toll, wie du das hier machst", prostete ich zurück, „mit der Cafetería hast du zusätzlich noch den ganzen Durchgangsverkehr zu betreuen. Trotzdem schaffst du es, auf jeden einzugehen."

„Man kriegt unheimlich viel zurück", sagte Margit versonnen. „Deshalb macht man dann auch gerne weiter. Oft denke ich, ich bekomme mehr zurück, als ich gebe. Da kriegt man manchmal richtig Tränen in die Augen."

Ich nickte und dachte an einen Vortrag des Dalai Lama, den ich vor längerer Zeit gehört hatte. „Wenn ihr schon selbstsüchtig sein wollt, dann seid es auf *weise* Art", hatte der Dalai Lama gesagt und erläutert, dass man, wenn man sich um andere mit liebevoller Hinwendung kümmere, dadurch sehr viel mehr Glück erlangen würde, als man es je erfahren habe.

Wer also den (selbstsüchtigen) Wunsch habe, so glücklich wie möglich zu sein, müsse sich mit ganzem Herzen dem Wohlergehen von anderen widmen.
Na, na, da übertreibt er aber, hatte ich damals gedacht. Inzwischen wusste ich, dass Skepsis gegenüber der Weisheit des Dalai Lama völlig fehl am Platz ist, schließlich erfuhr ich das, was er theoretisch erläutert hatte, hier nun tagtäglich in meiner praktischen Arbeit.
„Warum bist du eigentlich Hospitalera?“, wurde ich gelegentlich gefragt. Vielleicht sollte ich, anstatt etwas von „den Camino von anderer Warte aus kennen lernen“ zu faseln, künftig antworten: „Aus Selbstsucht.“ Aber das würde vermutlich kaum jemand verstehen und außerdem wäre es mir ziemlich schwer gefallen zu erklären, warum es mir einfach ungeheuren Spaß machte, mich um alle zu kümmern. Ich verstand das ja selbst kaum.
Der Mangel an Privatsphäre in der Herberge von Molina hatte bei mir etwas Merkwürdiges bewirkt. Da ich mich nicht zurückziehen, nichts hinter mir zumachen konnte, begann ich, mich immer mehr zu öffnen – in einem Maße, wie ich es nicht für möglich gehalten hätte.
Zwar sah ich mich generell als freundlichen, umgänglichen Menschen, aber Zuhause in Deutschland wahrte ich stets einen gewissen Abstand. Das hing unter anderem wohl mit meinem Beruf zusammen; Journalisten sollten zu den Menschen und Fakten, über die sie berichteten, grundsätzlich nicht die innere Distanz verlieren, um objektiv bleiben zu können. Obwohl jeder ehrliche Journalist sich irgendwann eingestehen muss, dass es keine absolute Objektivität gibt, dass jede Betrachtung stets subjektiv gefärbt ist.
Hier nun aber wahrte ich keinerlei Distanz, hielt keinen Abstand, ging aus mir heraus und auf andere zu.
Was mache ich da? – dachte ich anfangs ein wenig über mich selbst erschrocken, wenn ich unter dem Vordach von Pilger-

tisch zu Pilgertisch schlenderte, allen freundlich zunickte, hier einen Arm drückte, dort die Hand auf eine Schulter legte wie weiland der Bürgermeister-Hospitalero in Larrasoaña – vermutlich ohnehin mein unbewusstes Vorbild – und fragte: „Na, alles in Ordnung?“

In Deutschland hätte ich nie wildfremde Menschen einfach angelangt und wenn, dann wären sie vermutlich etwas konsterniert gewesen. Hier hingegen lächelten die Pilger zurück, freuten sich über meine Zuwendung inklusive Körperkontakt, fühlten sich dadurch in der Herberge willkommen. Sie mochten es, wenn ich mich um sie kümmerte, fragten mich um Rat und Tipps für den weiteren Camino oder erzählten mir, was sie besonders beeindruckt hatte.

„Ich bin Floristin und freue mich natürlich sehr an den Pflanzen, die es hier gibt“, sagte mir eine Südafrikanerin, „und gerade jetzt diese Etappe übers Gebirge – da hatte ich das Gefühl, ich ginge durch einen magischen Garten.“

„Wie hast du eigentlich als Südafrikanerin vom Camino gehört?“, wollte ich wissen.

„Oh, durch das Buch von Shirley MacLaine. Ich hab es geradezu verschlungen und mir gesagt – den Weg muss ich auch mal gehen.“

Allmählich wunderte ich mich nicht mehr, von wie weither die Menschen zum Camino fanden, und auch nicht darüber, wie selbstverständlich manche das nahmen, was ihnen dort widerfuhr.

So legte eine ältere Amerikanerin, die aussah, als würde sie für gewöhnlich mindestens in Vier-Sterne-Hotels absteigen, ihrerseits liebevoll die Hand auf meinen Arm, als ich mich entschuldigte, nur noch eine Notmatratze für sie zu haben.

„Das ist völlig in Ordnung. Ich hatte auf meinem Weg durch die Berge solch wundervolle Visionen, der Camino hat mir bereits mehr gegeben, als ich je zu hoffen wagte – da ist es völlig egal, wo ich schlafe.“

Manchmal dachte ich mit einer gewissen Selbstironie: Nun bin ich doch fast eine Herbergs-„Mutter“ dabei wollte ich das gar nicht sein, sah mich lieber als Gastgeberin.
Wie wäre es, wenn ich daheim eine eigene Familie hätte, überlegte ich in diesem Zusammenhang – würde es mir dann auch so viel Freude machen, mich um Pilger zu kümmern? Na, wahrscheinlich wäre ich in dem Falle wohl kaum hier, denn Mann und Kinder hätten sicher Einspruch dagegen erhoben, dass Mütterchen im fernen Spanien als Hospitalera wildfremde Menschen umsorgt, während sie in Deutschland allein den Laden schmeißen müssten.
So allerdings genoss ich es, meinen mangels eigener Familie lange unbeansprucht verkümmerten Fürsorgetrieb voll auszuleben. Hätte das bei einem ehrenamtlichen Engagement in Deutschland ebenso funktioniert? Vermutlich nicht – ich brauchte wohl die ganz andere Umgebung oder vielleicht die viel beschworene Magie des Camino, um ohne Hemmungen Herzlichkeit und Gefühl zeigen zu können.
Und ich bekam viel dafür zurück. An meinem Empfangstischchen an der Herbergstür saß ich selten lange allein. Immer wieder kamen Pilger auf einen kleinen Plausch zu mir oder jemand stellte unaufgefordert ein Bier vor mich hin: „Damit du da nicht so trocken sitzen musst.“
Abends im „Palacio“, meinem Stammlokal, winkten mich Pilger aus unserer Herberge grundsätzlich an ihren Tisch, schlossen mich in ihre Runde ein.
Ein deutsches Ehepaar, Fahrradpilger, das abends sehr spät angekommen war und dankbar und klaglos mit den Matratzen vorlieb nahm, die ich gerade noch hinter die Eingangstüre quetschen konnte, lud mich dafür am anderen Morgen ein, ihr Frühstück mit ihnen zu teilen. Altbackenes Brot, ein bisschen Käse, ein paar Oliven – es war die Geste, die zählte. Die beiden hatten die „Losungen“ dabei, das kleine Büchlein mit einem Bibelspruch für jeden Tag, das meine

Mutter auch immer gelesen hatte, und holten es nach dem Frühstück hervor. Ich erinnere mich nicht mehr, wie der Spruch für jenen Tag genau lautete, weiß aber noch, dass es darin ums Miteinander-Teilen ging.
„Wie passend“, meinte ich.
Die beiden lächelten. „Das ist es immer.“
„Das nächste Mal machen wir den Camino zu Fuß“, erklärten sie später, als sie sich auf ihre Räder schwangen, „das ist doch irgendwie intensiver.“
Diesen Satz sollte ich noch öfters hören. Wenn tatsächlich am Camino besondere Energiebahnen verlaufen, dann spürt man die zu Fuß sicher besser. Es gibt sogar einzelne Pilger, die den Weg deshalb barfuß gehen.

Zu wahrer Höchstform in Sachen Gastfreundschaft liefen Alfredo und ich auf, als mitten im Juni der Winter zurückkehrte. Es hatte schon eine Weile geregnet, aber dann wurde es immer kälter und was im Tal als Regen fiel, kam im Gebirge als Schnee herunter. Dazu wehte ein eisiger Wind. Nass und durchgefroren bis auf die Knochen liefen die Pilger in der Herberge ein, nur die wenigsten waren für diesen Temperatursturz ausgerüstet. Ich übrigens auch nicht und ich dankte im Stillen der unbekannten Pilgerin, deren warmen Fleece-Pulli ich in der Kiste mit den vergessenen Gegenständen fand. Damit rettete ich mich über die kalten Tage.
„Ein merkwürdiges Jahr ist das heuer“, sagte Alfredo. „Ich kann mich nicht erinnern, wann es das letzte Mal im Juni dermaßen kalt war.“
„Wir sollten den Pilgern etwas Heißes zu trinken geben, wenn sie ankommen“, schlug ich vor.
Alfredo war sofort einverstanden. „Aber sicher. Was brauchst du?“
Tee, Milch, Zucker und Kekse wurden gekauft und jeder Pilger, der zähneklappernd durch die Herbergstür trat, bekam

als erstes eine dampfende Tasse in die Hand gedrückt. Genauso wie die Fahrradfahrer, die wir zwar vor dem Abend nicht aufnehmen durften, die sich aber aufwärmen und, wenn sie wollten, heiß duschen konnten, bevor sie sich auf das letzte Wegstück nach Ponferrada machten. Die Herberge dort war sehr groß und nahm Radler deshalb ohne Einschränkungen auf.

Während der eisigen Tage kam Alfredo nachmittags früher als sonst, brachte Holz und zündete den Kamin an. Wenn das Feuer prasselte, wurde es richtig gemütlich in der Herberge. Wir saßen eng aneinander um den Kamin, starrten in die lodernden Flammen und aus der körperlichen Nähe erwuchs schnell große Zutraulichkeit. Gespräche entwickelten sich quasi von selbst.

Während dieser kalten Nächte schlief ich übrigens wesentlich besser als sonst und das lang nicht nur daran, dass die Pilger wegen des schlechten Wetters morgens später aufbrachen. Der klatschende Regen und heulende Wind draußen schufen drinnen eine Art Bärenhöhlen-Atmosphäre, Schutz und Geborgenheit vor den Elementen – da machte es auch nichts, wenn einige der Bären schnarchten.

Durch das verkrampfte Gehen in Kälte und Wind hatten mehr Pilger als sonst Probleme mit Muskeln und Sehnen. Oft bis zehn, elf Uhr abends musste Alfredo entsprechende Massagen verabreichen, wobei er den letzten Patienten genauso geduldig und sorgfältig behandelte wie den ersten. Die Ausweichquartiere in den Zelten draußen konnten während des eisigen Wetters natürlich nicht genutzt werden, also hieß es, drinnen enger zusammen zu rücken, was allerdings nicht unbegrenzt möglich war – irgendwann gab es beim besten Willen keinen Raum in der Herberge mehr. Oft hängte ich mich abends ans Telefon, um für Spätankömmlinge ein Taxi nach Ponferrada zu bestellen oder, wenn sie das wollten, Zimmer in einer Casa Rural in Molina. Einige der solchermaßen Untergebrachten klopften morgens noch mal an die Herbergstüre.

„Wir wollten nur sagen, die Zimmer waren gut und das Frühstück auch. Danke nochmals, dass du das für uns arrangiert hast."

So was freut dann doch. Auch im Gästebuch bekamen wir in jener Zeit geradezu hymnische Kritiken.

„Obwohl alles voll war, wurde in diesem einzigartigen Refugio noch Platz für uns geschaffen, dafür danken wir Gott und den Hospitaleros", schrieb ein brasilianisches Ehepaar, das wir zusammen auf einer Matratze unter der Treppe untergebracht hatten.

„Diese Herberge war eine Wohltat nach dem Wetter gestern. Ein so herzlicher Empfang ließ meine Unentschlossenheit, ob ich überhaupt weitergehen oder den Camino sofort abbrechen sollte, vergehen – und ich bin dankbar dafür", hieß es seitens einer deutschen Pilgerin. Sie war besonders übellaunig angekommen und brauchte mehr als eine Tasse Tee, viele Kekse und guten Zuspruch, um ihren Frust abzuschütteln.

„Elisabeth, du gibst dieser Albergue deine ganz persönliche, gute Wärme", würdigte mich ein Robert aus Wien im Gästebuch.

Damit ich bei so viel Lob nicht überschnappte und mich irgendwann mit Hospitalera-Heiligenschein im Spiegel sah, bekam ich einige Tage später einen Dämpfer.

„Sind hier keine Pfannen?", fragte eine junge Australierin missmutig, nachdem sie den Küchenschrank durchforstet hatte.

„Nein, die haben wir nicht", sagte ich. Wohlweislich gab es keine Pfannen in dieser Albergue, in der sich mangels Türen die Kochdünste ungehindert bis in den Schlafsaal ausbreiten konnten. Deshalb war es nicht erlaubt, etwas zu braten – vor allem keine stark riechenden Dinge wie Fisch, Zwiebeln oder Knoblauch. Diese Regelung, die ich jedem Neuankömmling mitteilte, hatten bisher alle eingesehen und eingehal-

ten Die Australierin allerdings schickte sich nun an, einen Topf mit Öl zu füllen und Zwiebeln zu schneiden.
„Wenn du vorhast, das zu braten, dann muss ich dir leider sagen, dass das in dieser Herberge nicht geht", schritt ich ein. „Es ist hier generell verboten, stark riechende Sachen zu braten, weil hier alles offen ist und der Geruch wer weiß wie lange im Schlafsaal hängen bliebe."
Das Mädchen warf mir einen giftigen Blick zu. „Ich hab bisher in jeder Herberge meine Zwiebeln gebraten."
„Tut mir Leid, aber in dieser hier geht das nicht."
„Dann muss ich eben ohne Frühstück weggehen", fauchte sie, „und du bist die unangenehmste Person, die mir auf dem ganzen Camino begegnet ist."
Ich war so verblüfft über diesen Ausbruch, dass mir keine passende Antwort einfiel. Später ärgerte ich mich, ihr nicht entsprechend Contra gegeben zu haben.
„Vergiss es", meinte Alfredo, als ich ihm davon erzählte. „Habe ich dir nicht gestern Abend schon gesagt, dieses Mädchen würde Probleme machen?"
Hatte er, aber ich hatte es nicht recht geglaubt. In Zukunft sollte ich mich wirklich auf seine Menschenkenntnis verlassen.

„Hallo, da sehen wir uns wieder", sagte eine fröhliche Stimme und eine Hand legte sich auf meine Schulter. Ich drehte mich und hinter mir stand Anne, die Psychologin aus Ostdeutschland, braungebrannt und gut gelaunt.
„Was war das für ein herrlicher Weg über's Gebirge", schwärmte sie, indem sie ihren Rucksack auf den Boden gleiten ließ und mir ihr Credencial zum Abstempeln gab.
„Du hast Glück, dass du diese Etappe jetzt gegangen bist. Ein paar Tage vorher hatten wir hier Eiszeit – da wäre der Weg nicht so herrlich gewesen. Wo ist übrigens Alexandra?"
Anne verzog bedauernd das Gesicht. „Heimgefahren. Sie hatte doch schon in Azofra Probleme mit ihren Füßen. Das

ist immer schlimmer geworden und sie hat den Weg abgebrochen."

Somit war Anne lange Strecken des Camino allein gegangen. „Und das war gut so", meinte sie später bei einer großen Schüssel Spaghetti, die ich für uns gekocht hatte. „Weißt du, bei uns früher in der DDR, da war alles so eng, so engstirnig und eingekastelt. Das wirkt sich auch auf dein Inneres aus. Wenn man dann den Camino geht, durch diese unendliche Weite, weitet man sich plötzlich irgendwie selber. Gerade heute habe ich gedacht, wie herrlich ist es doch, sich zu öffnen."

Ich konnte das sehr gut nachvollziehen, machte ich hier schließlich meine eigenen Erfahrungen mit dem Sich-Öffnen.

Außer Anne begegnete ich nur wenigen Pilgern, die in Rolands Herberge abgestiegen waren, wieder. Weil der Weg über die Bergkette lang ist, übernachteten viele in den Gebirgsdörfern El Acebo oder Riego de Ambrós und passierten Molinaseca morgens früh, wenn die Herberge zum Saubermachen geschlossen war. Außerdem hatten sicherlich einige wie Alexandra aufgeben müssen. Den sympathischen Guiseppe sah ich leider nicht mehr wieder, genauso wenig wie die beiden kleinen Österreicherinnen, die in meinem Bett geschlafen hatten, oder den netten Tom Cruise – die Großväter-Truppe zum Glück aber auch nicht.

Waren mir in Azofra die zahlreichen Ersatz-Eltern-Kind-Kombinationen aufgefallen, schienen inzwischen besonders viele Paare unterwegs zu sein, solche, die bereits zusammen auf den Camino gegangen waren und solche, die sich dort erst gefunden hatten.

Generell ist der Camino für jedes Paar eine Prüfung – egal ob es sich um Freunde, frisch Verliebte oder langjährige Ehepaare handelt. Alles, was in der jeweiligen Beziehung bereits angelegt ist – an positiven wie negativen Gefühlen, an Frustrationen und an Hinwendung – wird durch den langen, harten Weg verstärkt. Auch oder gerade in dieser Hinsicht ist der

Camino ein „Weg der Erkenntnis". Die einen merken, wie sehr sie sich auf ihren Gefährten verlassen können; andere müssen feststellen, dass sie genau das *nicht* können.

„Ich gehe jetzt ohne Herbert. Der erste Tag war hart, aber es ist gut so. – Marion", las ich in einem Herbergsgästebuch während meiner Pilgerreise. Was für ein Drama wohl hinter diesem knappen Eintrag steckte?

Später sowie als Hospitalera sah ich noch viele Herberts und Marions, die sich vermutlich bald trennen würden – oder für die es besser wäre, wenn sie es endlich täten.

Da gab es Männer, die den Weg in *ihrem* Tempo durchzogen, ohne Rücksicht auf die Partnerin, die Mühe hatte hinterherzuhecheln – Frauen, die nette Gesten ihres Partners absichtlich übersahen – Paare, die muffelig ankamen, ohne sich gemeinsam über das Ende der Etappe zu freuen. Statt „Schatz, jetzt eine Dusche und dann gönnen wir uns ein schönes Bier", raunzten sie „kommst du endlich?", stiegen übellaunig in den Schlafsaal hinauf. Später saßen sie griesgrämig unter dem Vordach oder im Restaurant, ohne sich anzusehen, und wenn sie sich unterhielten, dann nicht miteinander.

Dem gegenüber traf ich aber auch viele Paare, deren Beziehung – wie bei Castor und Pollux in Azofra – durch den gemeinsamen Jakobsweg, die zusammen durchgestandenen Strapazen und die miteinander erlebten Freuden noch inniger wurde. Solche Paare massierten sich abends liebevoll gegenseitig die müden Beine, steckten gemeinsam die Füße in ein Essig-Salzwasser-Bad und wenn sie von ihren Erlebnissen erzählten, taten sie das mit strahlenden Augen und indem sie dabei einander ergänzten.

Nie vergessen werde ich jenes ältere belgische Ehepaar, das bestimmt schon mindestens sechzig Jahre alt war. Als ich eines Spätnachmittags etwas im Schafsaal suchte, sah ich sie Siesta halten – Arm in Arm lagen sie in *einem* Bett, die Köpfe im Schlaf einander zugewandt und auf ihren Gesichtern lag so viel

friedvolle Zärtlichkeit, dass es mich zutiefst rührte. Auf Zehenspitzen schlich ich nach unten, um sie ja nicht zu stören.
Sollte ich je wieder einen Mann treffen, mit dem ich mir eine gemeinsame Zukunft vorstellen kann, gehe ich erst mit ihm auf den Camino, schwor ich mir angesichts meiner Paar-Beobachtungen. Danach weiß ich dann, was ich wirklich von ihm zu halten habe.
Eine ganze Reihe von denen, die sehr vertraut miteinander schienen, waren das erst auf dem Camino geworden. An meinem Empfangstischchen, wo ich die Pilgerdaten aufnahm, saß ich sozusagen an der Quelle. Zwei Menschen, die aus unterschiedlichen Ländern stammten und den Camino an verschiedenen Ausgangsorten begonnen hatten, konnten schwerlich von Anfang an ein Paar sein. Die lange, oft einsame Wanderung macht anlehnungsbedürftig, und da der Camino wie gesagt jedem das gibt, was er braucht, bekommen diejenigen, die das nötig haben, eben eine Liebesaffäre. Wobei sich beim besten Willen nicht sagen lässt, wie viele dieser Camino-Liebesgeschichten den Jakobsweg überdauern, selbst wenn sie so romantisch sind wie die von Celine und Roy.
Celine, eine Französin Ende zwanzig mit blonden Zöpfen, eine frische, natürliche Frau, die ich mir gut als Sennerin oder Hauptdarstellerin im Märchen von der Gänseliesel hätte vorstellen können, kam gegen Ende der Eiszeit mit Fieber und Sehnenentzündung in der Herberge an. Sie fühlte sich derart elend, dass sie um eine weitere Übernachtung am Ort bat, was unter diesen Umständen mehr als gerechtfertigt war. Am Nachmittag ihres zweiten Tages erschien Roy, ein junger Holländer, und fragte, ob eine Celine hier abgestiegen sei.
„Sie liegt oben im Bett und ist ziemlich schlecht beieinander."
„Es wird ihr bald besser gehen", meinte er lächelnd, „wenn man einen Menschen, den man liebt, bei sich hat, ist das die beste Medizin."

Am Abend sah Celine bereits wieder viel wohler aus, am anderen Morgen würden sie gemeinsam weitergehen können. Vorher wollte Roy ihr allerdings noch eine *Reiki*-Behandlung geben, jene Energieübertragung, die oft Wunder wirkt, und deshalb baten die beiden darum, nach Abmarsch der Pilger noch ein, zwei Stunden in der Herberge bleiben zu dürfen.
„Kein Problem, ich komme dann etwas später zum Saubermachen – oder was meinst du, Elisabeth?“, sagte Alfredo.
Mir war es recht, und ich bemühte mich anderntags, beim Putzen im Schlafsaal möglichst leise zu sein, damit die beiden unten bei der Reiki-Behandlung ungestört waren.
Später saßen wir bei Kaffee und Keksen noch eine Weile zusammen und Celine und Roy erzählten mir ihre Geschichte.
Sie waren sich bereits in Südfrankreich auf dem Jakobsweg begegnet und hatten sich ineinander verliebt. Aber Celine war noch nicht bereit für eine Beziehung, sie war darauf fixiert den Camino zu gehen und zwar allein, und so trennten sie sich nach ein paar Tagen wieder. Jeder wanderte für sich weiter – Roy schweren Herzens und Celine mit nach und nach immer größer werdenden Zweifeln. Da hatte sie einen derart netten Mann getroffen und schickte ihn weg, bloß weil er ihr momentan nicht ins Konzept passte! Reumütig begann sie, in den Herbergsgästebüchern Botschaften für ihn zu hinterlassen: „Roy, ich gehe ganz langsam, damit du mich einholen kannst. Ich möchte dich gerne wiedersehen.“
Irgendwann stieß Roy, der aus lauter Kummer Umwege gemacht hatte, um Celine nicht wieder zu begegnen, auf diese Botschaften und beeilte sich, sie einzuholen. Nun würden sie gemeinsam nach Santiago gehen.
„Und danach?“, fragte ich.
„Wir werden sehen“, die beiden lächelten sich zu. „Das Leben steckt voller Überraschungen.“

Roy holte ein kleines Päckchen aus seinem Rucksack hervor. „Engelskarten", erklärte er, „die habe ich immer dabei und ziehe jeden Tag eine. Das ist weniger dafür gedacht, die Zukunft vorauszusagen. Die Engel geben uns vielmehr eine Botschaft zum Nachdenken. Willst du auch mal eine Karte ziehen?"
Ich nickte – warum nicht?
Roy mischte die Karten und meinte: „Du kannst die Karte als Botschaft für den heutigen Tag nehmen – oder für die gesamte Zeit, die du Hospitalera bist. Ganz wie du willst."
Die Karte, die ich zog, hatte die Botschaft *„Erziehung"*. Bemerkenswert – als genau das empfand ich meine Hospitalera-Zeit, als eine Periode in meinem Leben, in der ich viel über mich und andere lernte, manche Lektion erteilt bekam, sozusagen *erzogen* wurde.
Dazu passte der Abschied von Roy und Celine – wieder einer dieser bittersüßen Hospitalera-Momente: Menschen, die man lieb gewonnen hat, loslassen müssen.

Eines Abends, es war inzwischen wieder schönes Wetter und die Zelte konnten genutzt werden, kamen zwei bildhübsche junge Schwedinnen und ein ebenso junger Brasilianer an. Die beiden Mädchen waren offenbar im Laufe des Weges zu Camino-Lieblingen avanciert, denn sie wurden vielstimmig mit begeistertem Hallo begrüßt. Ich verstand bald, warum alle sie mochten – sie waren fröhlich, hilfsbereit und bei aller Schönheit natürlich und bescheiden.
Wir hatten an jenem Abend gerade noch drei Plätze frei. „Zwei Matratzen in einem Zelt und eine im Aufenthaltsraum", erklärte ich, „überlegt euch, wie ihr das aufteilt."
„Oh, die Matratze im Aufenthaltsraum kannst du jemand anderem geben", winkte der Brasilianer ab, „wir teilen uns zu dritt das Zelt."
Ich verzog keine Miene und meinte später zu Alfredo: „Das muss doch der Traum eines jeden Brasilianers sein – gleich

mit zwei blonden Schwedinnen auf der Matratze. Die anderen Jungs werden ihn schwer beneiden."

Alfredo zog amüsiert die Brauen hoch. „Ja, ja", sinnierte er, „und im Juli beginnt er dann richtig – der *Camino del Sexo*, der Sex-Camino."

Diese Formulierung hatte ich zwar noch nicht gehört, fand sie aber sehr passend.

Ab Juli, wenn die Schul- und Semesterferien begonnen haben, begeben sich besonders viele junge Leute auf den Camino und die suchten dabei weniger den Blick ins eigene Selbst als den aufs andere Geschlecht. Schon während meines eigenen Pilgerweges im Hochsommer hatte ich oft das Gefühl gehabt, der Camino sei eine riesige wandernde Kontaktbörse. Heuer nun, in diesem merkwürdigen Jahr, wie es immer wieder von allen Seiten hieß, begann der Camino del Sexo also schon früher.

Ich fand es amüsant zu beobachten, wie sich unter dem Vordach bei Bier und Pizza manch zarte Bande knüpften und ich drückte beide Augen zu, wenn ein jung-verliebtes Pärchen morgens bei Auszug der Pilger so lange trödelte, dass es wenigstens noch fünf Minuten ungestört im Schlafsaal knutschen konnte.

Auch ich als Hospitalera war durchaus für den ein oder anderen allein wandernden Pilger ein Objekt der Begierde, aber ich blockte entsprechende Annäherungsversuche ab, tat, als bemerkte ich sie gar nicht. Eine Affäre à la Ricardo war im Grunde schon eine zu viel.

Erstaunt beobachtete ich, wie sorgfältig zurechtgemacht manche Pilgerinnen unterwegs waren. Ich hatte seinerzeit Lippenstift und Wimperntusche bereits in der zweiten Herberge als unnötigen Ballast weggeworfen – hier nun konnte ich morgens im Waschraum einen Blick auf ganze Paletten von Lidschatten, Kajal, Lipkonturstiften, Rouge und was sonst noch alles der Verschönerung dienen mag, werfen.

Eines Mittags, als ich vom Kaffee-Trinken aus dem Ort kam, um die Herberge aufzuschließen, saßen dort bereits zwei junge deutsche Frauen und machten Brotzeit. Sie waren beide sehr hübsch, was sie durch geschicktes Make-up betonten und ich fragte mich, ob sie das jetzt eben, während sie warteten, aufgetragen hatten oder ob sie tatsächlich in voller Kriegsbemalung übers Gebirge gewandert waren. Wahrscheinlich letzteres, denn nachdem sie geduscht hatten, tauchten sie noch sorgfältiger geschminkt wieder auf. Kurz nach ihnen war ein junger Amerikaner angekommen, Cody aus Idaho, vielleicht gerade mal zwanzig, groß und gut aussehend, mit verträumten blauen Augen hinter einer Intellektuellen-Hornbrille. Die beiden Deutschen gingen mit ihm zum Abendessen und beflirteten ihn heftig, worüber die Pilger, mit denen ich ein paar Tische weiter zusammensaß, gutmütige Witzchen rissen.
„Na, was meint ihr – welche von den beiden wird bei ihm das Rennen machen?", fragte ich in die Runde.
„Wahrscheinlich die Kleinere von beiden", hieß es. „Die Größere ist nämlich in einer der letzten Herbergen mit einem heißen Italiener abgezogen."
Aber Cody hatte sich bereits anders entschieden. Er ging nach dem Essen sofort schlafen und zwar allein und ließ die Mädchen am anderen Morgen ohne ihn weiter ziehen. Während alle Pilger bereits aufgebrochen waren, trödelte er im Aufenthaltsraum herum.
„Tut mir Leid, dass ich immer noch da bin", sagte er mit einem unwiderstehlich schuldbewussten Blick, „aber morgens kann ich am besten Tagebuch schreiben."
„Kein Problem", meinte ich und gab ihm eine Tasse von meinem Pulverkaffee, „von mir aus kannst du gerne noch ein bisschen hier bleiben und schreiben. Ich sperr dann schon mal die Albergue zu und fange oben an zu putzen."

Er strahlte mich an, pustete in seinen Kaffee und zückte sein Schreibzeug. Als ich im Schlafsaal fertig war und wieder herunter kam, hatte Cody unterdessen die Kochstelle geputzt, die Tische abgewischt und war dabei, den Aufenthaltsraum zu kehren.
„Aber das musst du wirklich nicht machen, das ist doch meine Aufgabe“, suchte ich, ihn zu bremsen.
„Bitte lass mich“, insistierte er sanft.
Natürlich ließ ich ihn. Und als er ging, tat es mir Leid, dass er nicht zwanzig Jahre älter war – oder ich zwanzig Jahre jünger.

Kurz vor Ende meiner Dienstzeit in Molinaseca traf meine Nachfolgerin ein, Simone aus Brasilien, sehr jung, sehr fröhlich, mit ihr hielt der Samba Einzug in die Albergue. An mir nagte der Abschiedsschmerz. Noch zwei Tage und Nächte und ich würde diesen hübschen kleinen Ort verlassen, in dem ich mich – trotz Schlafdefizit und mangelnder Privatsphäre – ungeheuer wohl und glücklich gefühlt hatte.
„Richtig schade, dass ich bald wegfahre“, sagte ich zu Alfredo.
„Ach, weißt du, ich mache das jetzt schon so viele Jahre, habe zahllose Hospitaleros und Hospitaleras kommen und gehen sehen“, entgegnete er, „da weiß ich, dass vierzehn Tage eine gute Zeit ist für den Wechsel.“
Das hatte ich jetzt eigentlich nicht von ihm hören wollen.
„Was mache ich nur ohne dich?“, sagte Simone dafür. Ich hatte sie eingewiesen und ihr alles erklärt; gemeinsam hatten wir noch mal sämtliche Laken abgezogen, gewaschen und sonnengetrocknet wieder aufgezogen. Ich konnte getrost abreisen, die Herberge war auf Vordermann gebracht.
Typisch cabeza cuadrada, dachte ich, amüsiert über mich selbst.
Den Tag, bevor ich wegfuhr, hatte ich quasi frei. Gleich nach Aufbruch der Pilger brachten wir zu dritt die Herberge rasch

in Ordnung, dann fuhr Alfredo mit Simone und mir die Passstraße hinauf nach Rabanal del Camino, einem Gebirgsdorf, das schon seit Jahrhunderten ein wichtiges Etappenziel am Jakobsweg ist.
Es war ein herrlicher Tag mit strahlendem Sonnenschein.
„Fast wie im Hochsommer", meinte Alfredo, während er gemächlich den Wagen durch die Kurven lenkte. „Im Sommer, wenn es in der Herberge wie auf dem Jahrmarkt zugeht, wenn ich die Pilger alle irgendwann nicht mehr sehen kann, komme ich öfters hier herauf, fahre in einen Feldweg rein, stelle den Wagen ab und bleib drin sitzen und höre ganz laut südamerikanische Musik – und dann wird's wieder."
„Wie? Auch du kannst Pilger irgendwann nicht mehr sehen?", staunte ich. „Und ich hab gemeint, bloß ich könnte sie gelegentlich alle an die Wand klatschen."
Alfredo lachte herzlich. „Aber wo denkst du hin? Kein Mensch kann immer und in jeder Situation Engelsgeduld haben."
In Rabanal gingen wir in die „Posada", einem sehr stilvoll in einem alten Haus eingerichteten Hotel-Restaurant, das Alfredos Freund Gaspar gehörte. Der ließ es sich nicht nehmen, uns ein üppiges Frühstück mit allen erdenklichen Köstlichkeiten zu servieren. Alfredos Versuche, dafür zu bezahlen, tat Gaspar mit einer energischen Handbewegung ab.
„Lass mir doch die Freude, euch einzuladen. Schließlich ist es, wie du gesagt hast, Elisabeths letzter Tag." Er schenkte mir ein zurückhaltendes Lächeln. „Ich habe sie neulich bei dir in der Herberge arbeiten sehen – sehr tüchtig. So jemanden hätte ich gerne, wenn ich mal eine Pilgerherberge aufmache."
Nach dem Frühstück fuhren wir zurück Richtung Molina und bei den Ruinen von Foncebadón ließ Alfredo mich aussteigen. Ich trug dick Sonnencreme auf, schulterte meinen kleinen Rucksack und marschierte los – zwanzig wundervolle Kilometer Camino lagen vor mir, einer der schönsten und eindrucksvollsten Abschnitte des Jakobsweges.

Foncebadón war einmal ein wichtiger Ort an der Wallfahrtsroute gewesen mit Herberge, Kloster und Kirche, aber das ist sehr lange her. Inzwischen sind die meisten Häuser längst zerfallen, nur einge wenige noch bewohnt. Vor nicht allzu langer Zeit wurde hier jedoch wieder eine Pilgerunterkunft eingerichtet sowie ein Restaurant im mittelalterlichen Stil, beides ist aber nur im Sommer geöffnet. Je nach Tages- oder Jahreszeit kann Foncebadón mit seinen Ruinen recht unheimlich wirken, und sowohl Shirley MacLaine wie auch Paulo Coelho schreiben in ihren Pilgerbüchern von bedrohlichen Begebenheiten in diesem Ort.
Ich allerdings durchquerte ihn bei strahlendem Sonnenschein und ohne jedweder Bedrohung ausgesetzt zu sein, erreichte nach nicht einmal einer dreiviertel Stunde das *Cruz de Ferro*, jenes berühmte fünf Meter hohe Eisenkreuz, das für die Jakobspilger eine besondere Bedeutung hat. Seit undenklichen Zeiten legen sie bei diesem Kreuz einen von Zuhause mitgebrachten Stein ab, sinnbildlich für all die Lasten, derer sie sich mit der Pilgerfahrt entledigen wollen. Auf dem inzwischen gewaltigen Steinhaufen um das Kreuz liegen auch andere Dinge wie Passfotos und Bittzettelchen von Pilgern, Muschelkettchen und allerlei Schnickschnack, insgesamt hat sich jedenfalls die Tradition erhalten, etwas bei diesem Kreuz zurückzulassen. So legte auch ich meinen Stein, den ich diesmal zwar nur aus Molina mitgebracht hatte, zu den unzähligen anderen. Eine Gruppe von jungen Pilgern bat mich, sie vor dem Kreuz zu fotografieren – selbstverständlich, aber bitte auch ein Foto von mir mit meinem Apparat – dann ging ich weiter nach Manjarín.
Manjarín ist ebenfalls ein seit langem verlassenes Bergdorf, wo es aber eine sehr spezielle Herberge gibt, als „pittoresk“ bezeichnen sie manche Wanderbücher und umschreiben damit die Tatsache, dass es hier weder Duschen noch anständige Klos gibt. Doch jeder vorbeiziehende Pilger wird

freundlich begrüßt, bekommt, wenn er will, Kaffee, Wein, ein Stück Brot oder Käse, wobei es jedem selbst überlassen wird, ob er dafür etwas bezahlt. Im Sommer kann man im Schatten der Loggia verschnaufen, im Winter brennt den ganzen Tag über ein Kaminfeuer zum Aufwärmen – diese Herberge soll ein Refugio im alten Sinne sein, ein Zufluchtsort in der Tradition des Templerordens, der sich zusammen mit dem Malteserorden seit dem Mittelalter um Schutz und Sicherheit der Pilger kümmert. So sieht es jedenfalls Tomás, der Hospitalero, der sich selbst als eine Art letzten Ritter betrachtet. Von ihm hatte ich schon viel gehört, altgediente Hospitaleros sprachen mit großer Sympathie und Respekt von ihm, deshalb wollte ich ihn nun kennen lernen.

„Ich habe zwei Wochen als freiwillige Hospitalera in Molinaseca gearbeitet", stellte ich mich vor, „heute ist mein letzter Tag, deshalb bin ich auf dem Camino und da wollte ich dich unbedingt besuchen."

Tomás, ein mittelgroßer, etwas untersetzter Mann mit grauen Locken und Bart und einer dicken Brille, nahm mich in die Arme und begrüßte mich wie eine liebe alte Freundin, die endlich wieder hereinschaut. Wir tranken Wein zusammen und ich erzählte ihm ein bisschen von meinen Erfahrungen, wollte wissen, ob hier oben bei ihm auch so viel los sei.

„Oh ja – und jedes Jahr werden es mehr auf dem Camino." Er seufzte. „Der Jakobsweg ist dabei, zu einem riesigen Geschäft zu werden, zu einem Rummelplatz. Stell dir vor, inzwischen legen sogar Supermarktketten Zettel aus, welche Sehenswürdigkeiten es am Camino gibt und wo man entlang der Route am besten einkaufen kann. Was bleibt da noch übrig von der Idee des Pilgerns?"

„Aber es gibt doch wohl noch eine ganze Reihe Menschen, die wirklich auf dem Weg zu sich selbst finden wollen – oder?"

„Doch natürlich", lenkte Tomás ein, „genau für die bin ich ja weiterhin hier."

„Was meinst du, gibt es besondere Energiebahnen entlang des Camino?" Warum ich ausgerechnet Tomás jetzt diese Frage stellte und nicht vorher schon Alfredo oder einem anderen erfahrenen Hospitalero, weiß ich selbst nicht. Vielleicht lag es daran, dass Manjarín etwas Verwunschenes an sich hat.

„Selbstverständlich gibt es die." Tomás' Brustton der Überzeugung ließ wenig Raum für Zweifel. „Allerdings kann man diese Energie nicht spüren, wenn man hier mal fünf und da mal zehn Kilometer auf dem Weg geht und ansonsten im Auto fährt. Da muss man schon die ganze lange Strecke auf sich nehmen."

Während wir uns unterhielten, sah ich mich in dieser unordentlichen, aber dennoch irgendwie heimeligen Umgebung um. Dabei fiel mein Blick auf ein Kettchen mit einem Jadeanhänger – einer kleinen Jakobsmuschel, dem Symbol für die Jakobspilgerschaft. Die Kette hing neben anderen Souvenirs zum Verkauf aus, eine Jakobsmuschel hatte ich schon länger haben wollen, also fragte ich Tomás, was sie kosten solle.

„*Un besito*, ein Küsschen", schmunzelte er und forderte es gleich ein.

Die Kette gab er mir nicht einfach so, sondern im Rahmen einer regelrechten Zeremonie. Er hängte sich seinen Rittermantel um, läutete eine Glocke, nahm ein Schwert in die Hand, wies mit der Schwertspitze auf ein Mutter-Gottes-Bild, dann auf meine Jademuschel und beschwor dabei die Heilige Jungfrau, mich, die ich diese Kette nun tragen würde, immerdar zu beschützen.

Ich fand das Ganze ein wenig kurios, aber sehr anrührend – auf jeden Fall trage ich seither die Muschel auf jeder Reise und bis heute hat sie mich gut beschützt.

Etwa eine halbe Stunde hinter Manjarín schlug ich mich seitwärts vom Camino in die Büsche und kletterte zu einem

Berg hinauf. Genau oben auf dem höchsten Punkt lag ein großer Steinbrocken mit einer Aushöhlung in der Mitte, wo man wie in einem Sessel sitzen konnte. Dort ließ ich mich nieder, blickte über das Gebirge und die Täler bis weit hinab nach Ponferrada in dunstiger Ferne, dachte gar nichts, atmete nur einfach Glück und Frieden.
Doch ich war nicht lange allein auf meinem Adlerhorst, ein Junge aus der Foto-Truppe beim Cruz de Ferro hatte sich ebenso von diesem Punkt angezogen gefühlt.
„Hast du Wasser dabei?“, fragte er, als er nahe heran gekommen war.
„Jede Menge.“
„Dann könnte ich uns ja einen Kaffee kochen“, meinte er, als sei das hier in der Mitte von Nirgendwo das Selbstverständlichste von der Welt.
Ich kletterte von meinem Sessel herunter, er packte einen kleinen Gaskocher aus seinem Rucksack, Topf und Tassen, dazu Kekse und Schokolade – und wenig später machten wir Picknick, und erzählten uns ein wenig voneinander.
Der Junge, ein Österreicher, noch keine zwanzig Jahre alt, machte sich viele Gedanken über sich selbst und seine Stellung in der Welt.
„Ich kann gut reden, weißt du“, erklärte er, „geb mich gern intellektuell und lass kluge Sprüche ab. Damit mache ich Eindruck. Und all die Gedanken, die ich mir auf dem Camino gemacht habe, hab ich auch sehr klug in meinem Tagebuch formuliert.“
Er machte eine Pause und ich spürte, dass er mir etwas mitteilen wollte, das ihm nahe ging.
„Am Cruz de Ferro soll man doch etwas niederlegen, was einem wichtig ist – oder?“, fragte er. Ich nickte – er ebenfalls.
„Genau, es sollte eigentlich ein richtiges Opfer sein. Das Wichtigste, was ich bei mir hatte, war mein Tagebuch. Das habe ich dort hingelegt – ist mir nicht leicht gefallen, da

hatte ich schließlich all diese klugen Gedanken drin festgehalten. Aber habe ich mir gedacht, genau deshalb sollte ich es dalassen – schließlich bin ich selbst doch mehr als nur kluge Gedanken."

Erstaunlich, dieser Junge – ich meinerseits hätte mit knapp zwanzig Jahren solche Überlegungen kaum angestellt. Aber gut, ich war ja auch in vieler Hinsicht ein Spätzünder.

Nachdem wir unseren Kaffee ausgetrunken hatten, packten wir zusammen und gingen jeder für sich ins Tal hinab.

In der völlig überfüllten Herberge sahen wir uns wieder. Sämtliche Zelte waren besetzt, sogar unter dem Vordach hatten Simone und Alfredo Matratzen ausgelegt, eine davon hatte der junge Österreicher ergattert, und – obwohl schon Abend – trafen immer noch vereinzelt Pilger ein.

Alfredo nahm es locker. „Wer jetzt noch ankommt, soll selbst sehen, wo er sich einen Platz sucht. Es ist dein letzter Abend, Elisabeth, lasst uns essen gehen."

Da saßen wir dann – Alfredo und seine beiden Hospitaleras, die alte und die neue – auf der Terrasse eines Restaurants unten am Fluss, aßen viele *Tapas,* kleine leckere Häppchen und tranken noch viel mehr leckeren Bierzo-Wein, philosophierten über das Leben, den Camino, unsere jeweilige Vergangenheit und das, was die Zukunft uns noch bringen könnte – und irgendwann sagte Alfredo endlich doch den Satz, auf den ich die ganze Zeit insgeheim gehofft hatte: „Du warst eine sehr gute Hospitalera, Elisabeth. Wenn du willst, kannst du jederzeit wieder kommen."

Bevor ich nach Deutschland zurückflog, machte ich einen Abstecher nach Mansilla. Das war zwar ein erheblicher Umweg, aber wer weiß, wann ich wieder nach Spanien käme, und ich wollte unbedingt Wolf und Laura wiedersehen.

Wolf hatte ich wie gesagt ein paar Mal in seinem Dorf in der Nähe der Stadt, wo ich wohnte, besucht. Einmal hatte ich

dabei auch Laura getroffen, die bei seiner Familie Urlaub machte. Wir hatten uns gut verstanden, als würden wir uns schon lange kennen.
„Komm uns in Mansilla besuchen“, forderten sie mich damals auf.
Also brachte Alfredo mich in der Früh zum Busbahnhof in Ponferrada, ich nahm den Bus nach León, stieg dort um und war mittags in Mansilla.
Für eine ausführliche Begrüßung hatten Laura und Wolf keine Zeit, am Empfangstisch drängelten sich zahllose Pilger.
„Wir kommen hier erstmal nicht weg“, meinte Wolf. „Du siehst müde aus. Magst du dich ein bisschen hinlegen?“
Kein Widerspruch meinerseits. Er brachte mich in sein Hospitalero-Zimmer, dort sackte ich auf das zweite Bett und fiel in todähnlichen Tiefschlaf – ungestört von Schnarchern, knisternden Plastiktüten oder dem Trampeln schwerer Wanderstiefel.
Es war draußen bereits dunkel, als Wolf mich sanft wachrüttelte.
„Was ist denn mit dir los?“
„Totales Schlafdefizit“, ächzte ich, „ich sage nur: vierzehn Tage Pilgerschlafsaal.“
„Ja, ja, das ist der großer Nachteil in Molina“, meinte Wolf. „Und sonst? Wie hat es dir gefallen?“
„Ich fand es einfach wunderbar. Tierisch anstrengend, aber zugleich unglaublich befriedigend. Jetzt kann ich verstehen, warum du jedes Jahr ein paar Monate als freiwilliger Hospitalero hierher kommst.“
Wir gingen essen – Laura, Wolf und ich – in eines der gemütlichsten Lokale von Mansilla, erzählten uns drollige und anrührende Geschichten von „unseren“ Pilgern, tauschten Hospitalero-Erfahrungen aus.
Es erschien mir völlig absurd, dass ich am nächsten Tag nach Deutschland zurückreisen sollte – in mein so genanntes

normales Leben, eigentlich empfand ich das Leben hier als viel normaler.

„Wenn du Lust hast, kannst du irgendwann nach Mansilla kommen und in der Herberge mitarbeiten“, lud Laura mich ein. Hatte sie meine Gedanken gelesen?

„Aber ihr seid doch schon zu zweit und außerdem hilft euch, wenn ich mich recht entsinne, die Freundin deines Bruders.“

„Ach“, winkte Laura ab, „hier ist genug zu tun. Da könnten wir dich auf jeden Fall gut brauchen.“

Als sie mich am nächsten Mittag zum Bus brachten und mir hinterher winkten, ahnten wir nicht, wie schnell wir uns wiedersehen würden.

# Jakobszirkus

## Mansilla de las Mulas

Schon vier Wochen später flog ich wieder nach Spanien, eine Reise, zu der ich mich spontan entschlossen hatte, fast ein wenig eine Flucht. Bei dem Fernsehsender, für den ich arbeitete, war ein strikter Sparkurs ausgerufen worden. Das hieß, freie Mitarbeiter wie ich sollten weniger und während des Sommerferienprogrammes sogar fast gar nicht beschäftigt werden. Damit hatte ich ungeplant und unbezahlt mehrere Wochen frei, sofern ich mich nicht woanders nach Arbeit umsah, und die Chancen, dabei etwas zu finden, standen ausgesprochen schlecht.

In der Zwischenzeit hatte Roland mich mehrmals angerufen, mir in den Ohren gelegen, dass er in Arbeit ertränke, gar nicht wüsste, wie er alles alleine schaffen sollte, ob ich eine Möglichkeit sähe, noch mal zu kommen?

Warum eigentlich nicht, sagte ich mir schließlich. Wenn ich tatsächlich etwas über meine Erfahrungen als Hospitalera schreiben wollte, konnte es nicht schaden, ein paar zusätzliche Erfahrungen zu machen. Zwei Wochen in Azofra und anderthalb in Mansilla, danach könnte ich immer noch auf Arbeitssuche gehen – also buchte ich den nächsten billigen Flug, den ich kriegen konnte.

Diesmal ging alles glatt, die Maschine war pünktlich, ich erwischte ohne langen Zwischenaufenthalt einen Zug nach Miranda. Roland holte mich ab, sah ziemlich geschafft aus und auf der Rückfahrt erzählte er mir, was in der Zwischenzeit alles losgewesen sei.

„Du kannst dir nicht vorstellen, was das für ein Trubel war", stöhnte er, untermalt von großen Gesten, „in diesem Jahr ist es wirklich völlig verrückt. Was das Schlimmste ist – es kommen die unmöglichsten Leute, anmaßend, unver-

schämt, undankbar. Oft hab ich wirklich Lust, alles hinzuschmeißen."
Das tat mir Leid für ihn, andererseits wusste ich aber auch, dass eine Reihe seiner Probleme sozusagen hausgemacht waren.
Abends in der Herberge, wo wir allein waren, weil Roland, um mich abzuholen, gar nicht erst geöffnet hatte, ging das Klagelied weiter. Neben den bekannten Strophen – die mangelnde Wertschätzung der Pilger für das, was er ihnen böte, die lästigen Diskussionen ums Geld, der Ärger mit Leuten aus dem Dorf, die ihn schlecht machten – stimmte er eine neue an und die hieß: An der *Via de la Plata* ist alles besser.
Die *Via de la Plata,* die Silberstraße, ist eine der anderen großen Routen des Jakobswegs. Sie führt von Sevilla in Südspanien nach Santiago und gilt als anspruchsvoller und anstrengender als der Camino Francés, da die Etappen in der Regel länger sind, es nur in großen Abständen Unterkunfts- und Verpflegungsmöglichkeiten gibt. Roland war, als ihm in Azofra alles zu viel wurde, kurzerhand für ein paar Tage die Silberstraße entlang gefahren und hatte sich dort umgesehen.
„Da gibt es einen echten Bedarf an Herbergen, manche Gemeinden wären richtig froh, wenn einer was einrichten würde. Außerdem sind die Pilger dort ganz anders als die hier, viel dankbarer", schwärmte er.
Ich gab zu bedenken, dass nur wenige Pilger die Silberstraße gingen, man dort in hunderten anstatt wie auf dem Camino Francés in zehntausenden zählte.
Das ließ Roland nicht gelten. „Na und, dann sind es eben weniger. Aber wenn du denen eine schöne Herberge bietest, dann küssen sie dir aus Dankbarkeit die Füße."
Ich verkniff mir einen Kommentar, später in meinem stillen Kämmerlein ging ich allerdings in mich. Sich die Füße küssen lassen – deshalb wurde man doch wohl hoffentlich nicht

Hospitalero. Waren wir Hospitaleros und Hospitaleras nicht vielmehr dazu da, Pilgern zu helfen und ihnen im Rahmen unserer Möglichkeiten den Aufenthalt in der jeweiligen Herberge angenehm zu machen? Ehrlicherweise musste ich zugeben, auch ich war nicht gegen Eitelkeit gefeit und schließlich mit dem Anspruch angetreten, eine unvergesslich gute Hospitalera zu sein. Auch ich sonnte mich gerne im Lob von Pilgern – doch wenn das ausblieb, Pilger meine Bemühungen nicht zu schätzen wussten, nahm ich das inzwischen nicht mehr persönlich. Wie die Pilger waren auch wir Hospitaleros Glieder in einer langen Kette und zwar austauschbar, das hatte mir Alfredo deutlich gemacht. Und wenn eine der Lektionen, die Pilger auf dem Camino lernen sollten, Demut und Dankbarkeit ist, dann gilt dies genauso für Hospitaleros. Nicht umsonst wird in einigen Herbergen die alte Sitte gepflegt, den ankommenden Pilgern die Füße zu waschen.
All das hatte Roland offenbar aus den Augen verloren und das war im Grunde kein Wunder. Zwar ständig von Menschen umgeben, war er dennoch allein und wer zu lange allein lebt, entwickelt Marotten, bekommt leicht eine verzerrte Perspektive.
Alfredo hatte mir einmal erklärt: „In einer Herberge sollten immer mindestens zwei Hospitaleros sein und zwar idealerweise ein männlicher und ein weiblicher, denn je nach Problem brauchen Pilger unterschiedliche Ansprechpartner."
Roland aber führte die Herberge allein, auch wenn er es ursprünglich anders geplant hatte.
Abgesehen von meinem kurzen Gastspiel war er für alles und jeden der alleinige Ansprechpartner und damit – obwohl er das vermutlich nie zugeben würde – überfordert. Er hatte niemanden, mit dem er Ärger oder Freude teilen konnte, fraß alles in sich hinein, bis er irgendwann explodierte, und das womöglich aus nichtigem Anlass – wie gleich am nächsten Tag. Gegen zwei Uhr nachmittags klingelte es.

„Kannst du nicht lesen?“ herrschte Roland den jungen Spanier an, der vor der Tür stand. „Hier steht, wir machen erst um drei Uhr auf.“
„Entschuldigung, das hab ich übersehen. Könnte ich vielleicht trotzdem schon in die Herberge und mich hinlegen, ich habe einen schlimmen Fuß“, sagte der junge Mann höflich und deutete auf seinen geschwollenen Knöchel.
„Erst um drei“, beschied Roland kategorisch.
Unangenehm berührt, wie barsch er mit dem Jungen umsprang, klinkte ich mich ein. „Wir sind noch nicht mit allem fertig, gib uns eine halbe Stunde. Wenn du magst, kannst du deinen Rucksack hier lassen und was essen gehen.“
„Schon in Ordnung“, winkte der Junge ab und humpelte Richtung Bar Sevilla.
Später, während Roland Siesta hielt, kam er noch mal vorbei, um mir mitzuteilen, dass er in der anderen Herberge schlafe. „Und ich wollte dir auch sagen, dass mich auf dem ganzen Weg noch kein Hospitalero so mies behandelt hat wie der Typ vorhin.“
Das tat mir in der Seele weh, schließlich wusste ich um Rolands viele guten Seiten, versuchte, ihn in Schutz zu nehmen. „Er ist kein übler Kerl, denn sonst würde ich hier nicht arbeiten. Er hatte nur furchtbar viel Stress und Ärger in der letzten Zeit und du hattest das Pech, einen schlechten Tag bei ihm zu erwischen.“
„Schlechter Tag“, meinte der Junge zweifelnd. „Na ja, du brauchst dir den Schuh jedenfalls nicht anzuziehen. Du warst freundlich zu mir, deshalb bin ich auch noch mal gekommen, um dir zu sagen, dass ich woanders wohne.“
Ich zuckte die Schultern, wir lächelten uns ein wenig ratlos zu, dann zog er ab. Die Herberge blieb an diesem Tag vollkommen leer, obwohl der Ort voller Pilger war. Vermutlich hatte sich Rolands Auftritt herumgesprochen.

„Warst du nicht ein bisschen hart heute Mittag mit dem armen Jungen“, suchte ich das Thema abends vorsichtig noch mal anzuschneiden, „er kam später noch mal vorbei, um mir zu sagen, dass er in der Pfarrherrberge wohnt. Und er beklagte sich darüber, wie rüde du zu ihm warst.“
„Was – und du hast ihm nicht Bescheid gegeben?“, ereiferte sich Roland. „Da versucht der Kerl auch noch einen Keil zwischen uns zu treiben!“
Darauf sagte ich besser nichts mehr.
Die nächsten Tage schien der Camino nahezu ausgestorben, in der Bar Sevilla, wo sonst von morgens bis abends Pilger Rast machten, herrschte gähnende Leere.
„Was für ein merkwürdiges Jahr“, meinte Begoña zu Roland und mir. „Im Mai waren so viele Pilger unterwegs und jetzt im Juli so wenige. Dabei ist jetzt eigentlich Hochsaison.“
Ich rief in Mansilla an. Dort war die Herberge jeden Tag voll. Vermutlich verlief die Pilgerwanderung in Wellen und wir erlebten hier gerade ein Wellental.
Weil ich nichts zu tun hatte, wanderte ich viel, besuchte die Klöster abseits des Camino. Das war zwar alles gut und schön, aber ich war nicht gekommen, um Ferien in Azofra zu machen, sondern um als Hospitalera zu arbeiten.
„Wenn es weiterhin ruhig hier bleibt, fahre ich schon früher nach Mansilla“, kündigte ich Roland an.
„Wart erst noch mal ab“, meinte der.
Tags darauf schien das Wellental zu Ende, es kamen wieder Pilger, die Herberge füllte sich – mit lauter netten Leuten wie ich fand, darunter eine Spanierin, Lourdes, die selbst Hospitalera gewesen war. Für Roland war das jedoch ein Grund, sie nicht zu mögen.
Er regte sich über alles auf, was sie tat und mir machte er zu meiner Verblüffung heftige Vorwürfe, weil ich zugelassen hatte, dass sie einer anderen Pilgerin die Blasen verarztete. Was sie übrigens sehr professionell machte – vermutlich war

genau das Roland ein Dorn im Auge, wurde er damit doch um die Chance gebracht, selbst den Blasen-Experten zu geben. Abends in der Küche versuchte er, Streit mit ihr anzuzetteln.

„Für das Geld, was du für die Brotzeit da bezahlt hast, hättest du im Restaurant was Anständiges essen können", hielt er ihr vor. Ihren Einwand, es ginge nicht ums Geld, sondern darum, sich selbst etwas zuzubereiten, tat er mit einem Verweis auf den unglaublichen Geiz vieler Pilger ab. Lourdes nahm das gelassen, mir war es peinlich und um das Gespräch in ein anderes Fahrwasser zu bringen, fragte ich sie, wie es ihr in der Abendmesse gefallen habe. Das hätte ich lieber bleiben lassen, denn Roland nahm diese Vorlage, um über die Kirche als solche und verschiedene Priester, die er kannte oder zu kennen meinte, herzuziehen. Lourdes hielt freundlich, aber bestimmt dagegen, und weil Roland, wie ich bereits mehrfach mitbekommen hatte, zu echten Diskussionen nicht fähig war, glitt der Schlagabtausch bald ins Absurde ab.

„Ich halt das nicht mehr aus", sagte ich irgendwann und flüchtete in Begoñas Lokal an einen Tisch mit netten Pilgern.

Später kam Roland dazu, gab sich leutselig, wobei er mich allerdings ignorierte, mir nur kurz zuknurrte: „Morgen bringe ich dich nach Mansilla."

„Nicht nötig, ich fahre lieber allein dahin."

Als ich in die Herberge zurückkehrte, saß Roland in der dunklen Küche und legte, soweit das beim Licht der Straßenlaternen von draußen möglich war, Patiencen. Ich versuchte, schon ahnend, dass es sinnlos war, noch einmal mit ihm zu reden.

„Ich lass mich auf keine Diskussionen ein, denn dabei kann ich nur verlieren", bockte er, „und dir fehlt die Solidarität."

Weiter argumentieren zwecklos – ich stieg in mein Zimmerchen hinauf, sackte ratlos auf mein Bett. Was war da eigentlich tatsächlich passiert – welcher seltsame Film lief nun ab – konnte ich den noch irgendwie stoppen?

Schließlich packte ich meine Sachen, um am Morgen keine Zeit zu verlieren, und schlief miserabel in dieser Nacht, hin- und hergerissen zwischen dem Impuls, wegzugehen oder stand zu halten. Im Grunde entsprach es ganz und gar nicht meiner Natur, etwas auf sich beruhen zu lassen. Selbst in aussichtslosen Situationen meinte ich noch, kämpfen und durchhalten zu müssen, hatte mir dabei oft – sinnbildlich gesprochen – das Kreuz gebrochen.

Aber womöglich war das jetzt eine weitere Lektion, die ich auf dem Camino lernen sollte: auch mal aufgeben können und etwas, das man nicht ändern kann, auf sich beruhen zu lassen. Deshalb musste ich wohl noch mal nach Azofra kommen, um mir eben diese Lektion abzuholen.

Wenn Roland sich noch oft solche Ausraster leistete, sägte er sich den Ast, auf dem er saß, irgendwann selber ab. Und so Leid mir das tat, war ich doch nicht diejenige, der es zustand, ihn davon abzuhalten, war nicht seine Lebensgefährtin oder Geschäftspartnerin, nicht einmal eine Freundin. Ich war lediglich eine freiwillige Hospitalera, die ihn bei seiner Arbeit unterstützen wollte, aber nicht um den Preis von bedingungsloser Solidarität, sogar dann wenn er Pilger schlecht behandelte.

Um sechs Uhr stand ich auf, putzte direkt hinter den aufbrechenden Pilgern her, war fertig, kaum dass der letzte die Herberge verlassen hatte. Typisch cabeza cuadrada, pflichtbewusst bis zum Schluss, eigentlich hätte ich den Kram genauso gut liegen lassen können.

Roland war nirgendwo zu sehen. Ich nahm meinen Rucksack, schloss das Haus ab und ging in die Bar Sevilla. Begoña deutete mein Gepäck richtig.

„Du gehst, Elisabeth?“

Ich schilderte ihr knapp, was vorgefallen war, meinte bedauernd: „Irgendwie kenne ich Roland nicht mehr wieder. Er war bisher ein netter jovialer Typ – aber jetzt ist er voller Gift und Galle."

Begoña seufzte, wahrscheinlich wusste sie mehr, als sie mir sagen wollte. „Roland hatte es nicht leicht in den letzten Wochen. Er ist super-gestresst und sehr nervös."

„Aber das ist kein Freibrief für Ungerechtigkeit und schlechtes Benehmen."

Ich zuckte die Achseln, Begoña auch, schob mir mit kummervoller Miene einen Milchkaffee und ein großes Stück Kuchen hin. Sie war glücklich gewesen, mich wiederzusehen, hatte sich auf unsere Frauengespräche gefreut, ließ mich darum nun nur ungern ziehen, verstand aber, dass ich nicht bleiben konnte.

Draußen kam gerade Roland von irgendwoher zurück. Ich ging hinterher, um ihm den Schlüssel zurück zu geben. Er machte eine unbestimmte Handbewegung, die wohl bedeuten sollte: Hättest ihn auch wegschmeißen können.

Das war's. Ich schulterte meinen Rucksack und machte mich davon. Im Gehen rief ich Wolf in Mansilla auf dem Handy an, schüttete mein Herz aus.

„Komm hierher", meinte er schlicht.

„Aber könnt ihr mich denn jetzt schon brauchen?"

„Das ist die dümmste Frage, die ich je gehört habe", sagte Wolf und in seiner Stimme lag so viel Wärme, dass es mir die Tränen in die Augen trieb. „Hier ist genug zu tun, aber hetz dich nicht ab, nimm dir noch ein bisschen Zeit auf dem Camino – auf jeden Fall bist du willkommen."

Eigentlich war mein Rucksack viel zu schwer, um eine längere Strecke damit zu wandern, schließlich hatte ich als Hospitalera wesentlich mehr Sachen dabei denn als Pilgerin. Aber ich wollte zumindest ein, zwei Kilometer auf dem Camino gehen, um mich zu beruhigen, mich dann zur Landstraße durchschlagen und weiter trampen.

Doch weil der Camino jedem das gibt, was er braucht, kam es anders.

Kurz hinter Azofra holte ich einen ziemlich schwergewichtigen Pilger mit weißer Lockenmähne ein. Der Wanderführer, der aus seiner Hosentasche ragte, identifizierte ihn als Deutschen, also sprach ich ihn an.
Matthias stammte aus Bayern und ging sehr langsam – kein Wunder bei seinen vielen Kilos – und schon nach wenigen Worten, die wir gewechselt hatten, spürte ich, dass es gut sein würde, mit ihm nach Santo Domingo de la Calzada zu wandern, anstatt zu trampen. Wir brauchten fünf Stunden für diese Strecke, die ich allein ohne Pausen in knapp dreien geschafft hätte, aber es war genau richtig, mir diese Zeit mit ihm zu nehmen.
Während wir gemächlich durch die sonnenglühende Landschaft wanderten, uns gelegentlich unter einen Baum setzten und Wasser, Obst und Nüsse teilten, sprachen Matthias und ich darüber, was uns hierher gebracht hatte. Gegen den Widerstand von Familie, Freunden und seinem Arzt hatte er sich auf den Camino begeben.
„Ich spürte einfach, dass es *jetzt* Zeit für mich ist, den Jakobsweg zu gehen", sagte er, wie ich es schon unzählige Male gehört hatte.
Ich erzählte ihm, dass es mir vor einem Jahr genauso ergangen sei und dass die unsichtbaren Fäden, die mich damals als Pilgerin zum Camino zogen, mich jetzt als Hospitalera zurückgebracht hätten.
Matthias war ein Mensch mit großem spirituellem Wissen und es machte Freude, mit ihm über die Magie des Camino und die sonstigen magischen Kräfte, die unser Leben beeinflussen, zu philosophieren. Außerdem war er in seiner ruhigen, humorvollen Art genau der Richtige, um mich von meinem Azofra-Frust herunterzuholen. Am Ende betrachtete ich den Weg nach Santo Domingo auch ein wenig als Bußwallfahrt für meine Überheblichkeit, hatte ich mir doch eingebildet gehabt, mich könnten Rolands Ausraster niemals treffen, weil ich so nett und tüchtig war.

Matthias wollte in Santo Domingo bleiben, ich weiter nach Grañon. Wir gingen zusammen noch ein Bier trinken und er schenkte mir zum Abschied einen kleinen Elefanten aus weißem Achat.
„Man sagt, wenn sie den Rüssel erhoben haben, bringen sie Glück", schmunzelte er dazu.
Wie lieb von ihm, mir einen Glückselefanten zu schenken – und wie einfühlsam. Ich hatte ihm nur wenig von meiner Lebenssituation in Deutschland erzählt, dennoch hatte Matthias gespürt, dass ich momentan ein bisschen Glück ganz gut brauchen könnte.
Für die letzten Kilometer nach Grañon nahm ich in Anbetracht meines schweren Rucksacks unpilgergemäß ein Taxi. Ich wollte an diesem Abend in jener Albergue übernachten, wo Pater José Ignacio seine Cursillos für Hospitaleros abhielt, auf meiner Pilgerreise war ich seinerzeit dort nicht abgestiegen. Grañon gilt als eine der sehr besonderen Herbergen des Camino. Ihre Räumlichkeiten sind im Turm der Dorfkirche und über den Gewölben des Kirchenschiffs eingerichtet worden, architektonisch recht verworren, kein Pilger, der sich hier nicht mindestens einmal verläuft. Vor allem aber wird in dieser Herberge jeder ohne Einschränkung aufgenommen, keiner nach dem Pilgerausweis gefragt, ebenso wenig nach einer Übernachtungsgebühr.
„Gib, was du kannst, nimm, was du brauchst." steht auf einer Geldschatulle im Flur und seltsamerweise ist darin immer genug, um abends ein gemeinschaftliches Mahl für alle zu kochen. Wer will, kann dazu Weiteres beisteuern, Wein, Obst oder Kekse als Dessert.
Wir saßen alle um die improvisierten langen Tische, gut drei Dutzend Pilger, die Hospitaleros, Pater José Ignacio und es herrschte eine überaus angenehme, heiter-besinnliche Atmosphäre. Vorher hatten wir – freiwillig zwar, aber dennoch fast ausnahmslos alle – die Messe besucht und der Pater hat-

te sich als hervorragender Prediger erwiesen. Zudem war er ein charmanter und gut aussehender Mann, kein Wunder, dass der Camino-Tratsch sich immer wieder scheinheilig um des Paters Keuschheit sorgte.
Roland hatte über Grañon stets etwas abwertend gesprochen, Pilgern davon abgeraten, dort zu übernachten, weil es immer viel zu voll sei, und behauptet, die Herberge könne nur deshalb so großzügig sein, weil sie Unterstützung vom Ausland bekäme.
Na und? dachte ich, während ich nun von dieser angeblichen oder tatsächlichen Unterstützung profitierte. Letztlich spielt das doch gar keine Rolle. Wichtig ist vielmehr, dass hier ein ganz besonderes Gemeinschaftserlebnis vermittelt wird. Roland war vermutlich bloß eifersüchtig, weil viele Pilger von Grañon schwärmten.
Nach dem Essen räumten wir alle miteinander auf; es war schon merkwürdig – hier wurde nichts ge- oder verboten, trotzdem funktionierte alles reibungslos.
In dieser Nacht schlief ich tief und traumlos auf meiner dünnen Matratze in einem mit Pilgern bis auf den letzten Quadratzentimeter belegten Raum, wobei ich gar nicht mehr weiß, ob irgendjemand schnarchte. Ich erinnere mich nur noch, wie unheimlich geborgen ich mich fühlte.
Am anderen Morgen wanderte ich bis zum nächsten Ort, von dort ging es per Anhalter und in verschiedenen Autobussen nach Mansilla. Nachmittags gegen vier Uhr kam ich dort an und die Herberge war bereits komplett belegt.
„Schön, dass du da bist", sagte Wolf und nahm mich in die Arme.
„Du wirst sehen, wir können dich hier gut brauchen", meinte Laura mit den üblichen *besitos*, Küsschen rechts und links. Sie grinste, als ich ihr einen Abriss von den Ereignissen in Azofra gab. „Das hätte ich dir vorher sagen können. Es hat mich sowieso gewundert, dass beim letzten Mal alles glatt

gelaufen ist. Von diesem Roland habe ich schon einige merkwürdige Sachen gehört, und mich gefragt, ob der Typ wohl ganz koscher ist."
Schwamm drüber, jetzt war ich in Mansilla und alles würde gut.

Anders als die Orte, in denen ich bisher als Hospitalera gearbeitet hatte, ist Mansilla ein richtiges Städtchen – mit knapp 2.500 Einwohnern zwar klein, doch mit allerhand Geschäften, Kneipen, Restaurants, mehreren Hotels und Gasthöfen sowie einem Campingplatz etwas außerhalb. Dieser historische Ort hat sowohl eine lange Tradition in der Beherbergung von Jakobspilgern, wie auch als Marktplatz. Einst war er ein bedeutender Umschlagplatz für Getreide und Vieh, von letzterem zeugt die Langform des Stadtnamens *Mansilla de las Mulas*, Mansilla der Maulesel. Inzwischen gibt es diese großen Märkte jedoch nicht mehr, es findet nur noch ein kleiner Wochenmarkt statt; die Stadt stagniert, viele der alten Häuser stehen zum Verkauf.
Umgeben von einer gut erhaltenen mittelalterlichen Stadtmauer und malerisch am Fluss Esla gelegen ist Mansilla ein bei Pilgern sehr beliebtes Etappenziel, ein hübsches Städtchen nach mehreren Tagen Camino durch relativ monotone Landschaft. Am nächsten Tag sind es dann nur noch neunzehn Kilometer bis León, der früheren Hauptstadt des Königreiches Asturien-León, wo es viel zu besichtigen gibt.
Auch Mansillas Herberge war äußerst beliebt, weil sie gemütlich war und in vieler Hinsicht den Ansprüchen von Pilgern ideal entsprach. Sie bestand aus zwei Häusern zwischen denen ein geräumiger *Patio*, ein hübscher Innenhof mit einem alten Feigenbaum lag. Das vordere Haus war das Haupthaus mit dem Empfangsbüro und vier Schlafräumen mit jeweils sechs bis acht Betten. Das Hinterhaus hatte einen

Schlafsaal für zwanzig Pilger. Es gab zwei gut ausgestattete Küchen, ausreichend Toiletten und Duschen, unter einem Vordach im Patio standen Waschmaschine und Trockner. Regulär bot die Herberge Platz für 46 Pilger, notfalls konnten im Flur des Hinterhauses noch vier Personen auf Matratzen untergebracht werden, mehr allerdings nicht, das hätte die sanitären Anlagen überfordert.
Ich merkte schnell, dass Laura und Wolf nicht übertrieben hatten, es gab tatsächlich genug zu tun in dieser Herberge, sie konnten meine Hilfe gut brauchen und es machte Spaß, im Team zu arbeiten.
Die Aufgaben hatten wir, ohne ein Wort darüber zu wechseln, sinnvoll untereinander aufgeteilt. Wolf hatte sein Hospitalero-Zimmer im Vorderhaus, mir wurde meines im Hinterhaus eingerichtet, und wir fühlten uns jeweils für „unsere“ Häuser verantwortlich.
Wolf stand immer schon gegen sechs in der Früh auf, weil er gern die Pilger verabschiedete und ihnen noch den ein oder anderen guten Rat mit auf den Weg gab. Ich hingegen gönnte es mir, bis halb acht zu schlafen. Gegen acht waren fast alle Pilger fort und wir begannen, jeder sein Haus herzurichten, wobei wir später von Laura und Rebeca unterstützt wurden. Anschließend hieß es: „*Vamos a tomar un café* – lasst uns Kaffee trinken gehen!“
Meist waren wir früh genug fertig, um noch ein bisschen Zeit für uns zu haben, bevor wir um eins die Herberge für die Pilger aufschlossen. Beim Aufnehmen der Pilgerdaten und Stempeln der Credenciales wechselten wir uns ab, je nachdem, wer gerade Lust dazu hatte. Spätestens um drei – egal, ob die Herberge voll oder noch Plätze frei waren – wurde das Büro abgeschlossen und ein Zettel aufgehängt: „Sind essen, kommen gegen fünf zurück“
„Ich könnte doch die Stellung halten“, bot ich voller Anfangseifer an.

„Kommt nicht in Frage", erklärte Wolf. „Wir sind die Hospitaleros und nicht die Sklaven dieser Herberge und wir haben Stress genug. Da sind die Mittagspause und die anschließende Siesta einfach ein Muss."
Zunächst genierte ich mich ein wenig, wie selbstverständlich mit zu Lauras Familie zu kommen, wo ihre Mutter Ana für alle gekocht hatte, aber als sie das merkten, nahmen sie mir rasch meine Befangenheit: „Du gehörst doch jetzt dazu."
Ab dem Spätnachmittag kümmerten wir uns wieder in der Herberge um die Belange der Pilger, bis wir gegen zehn, elf Uhr zu Lauras Familie zurückkehrten, wo nach spanischer Sitte zu dieser späten Stunde das Abendessen eingenommen wurde. Ein Zeitplan, an den sich mein deutscher Magen trotz guten Willens nicht gewöhnen konnte, deshalb klinkte ich mich gelegentlich daraus aus. Ana, die Gute, ließ mir dann ein Töpfchen mit selbstgekochten Köstlichkeiten zukommen, damit ich nur ja nicht verhungerte.
Vor oder nach dem Abendessen oder sowohl als auch tranken wir irgendwo eine Copa, was bedeutete, dass wir abends recht spät ins Bett kamen. Ich bewunderte Wolf, dem das nichts auszumachen schien und der jeden Morgen frisch und munter um sechs Uhr aufstand. Doch Wolf hatte ein spezielles Verhältnis zum Camino und zu Mansilla, wo er sich mehr Zuhause fühlte als in Deutschland, und wo er regelrecht aufblühte. Ich hatte das selbst beobachtet – in Mansilla wirkte Wolf, obwohl nach wie vor Ende sechzig, dennoch irgendwie jünger und elastischer, wenn er in seinen Safarihosen mit den vielen Taschen und einem T-Shirt, auf dem ein *Lobo*, ein Wolf, prangte, in der Herberge die Runde machte. Mitte der neunziger Jahre war er zum ersten Mal den Camino gegangen, danach jedes Jahr wieder, wobei er stets ein paar Tage in Mansilla blieb, um in der Herberge zu

helfen. Seit seiner Pensionierung kam er alljährlich für mehrere Monate nach Mansilla.
„Der Camino hat mich gefangen und lässt mich nicht mehr los", pflegte er zu sagen und zu seiner Arbeit als Hospitalero hatte er in einem Interview der örtlichen Presse erklärt: „Ich bin glücklich, wenn ich anderen helfen kann, dann fühle ich mich nützlich. Ich glaube, es ist besser, hier zu arbeiten, als Zuhause in Deutschland mit Gartenarbeit die Zeit tot zu schlagen. Außerdem gefällt mir Mansilla und die Menschen dort sind liebenswert."
Das war stark untertrieben, tatsächlich hatte Wolf einen Narren an Mansilla gefressen und in Lauras Familie war er längst integriert wie ein enger Verwandter. *Wolfito*, Wölfchen, nannte Ana ihn liebevoll, als sei er ein weiterer Sohn, obwohl altersmäßig eher sie seine Tochter hätte sein können.
In der Herberge ergänzten sich Wolf und Laura hervorragend, gerade weil sie in vieler Hinsicht, äußerlich wie vom Temperament her, sehr gegensätzlich waren.
Wolf, groß, drahtig, mit einem weißen Haarkranz um den sonnengebräunten kahlen Kopf, verbreitete allein auf Grund seines Alters einen gewissen Respekt. Er strahlte Ruhe aus, nahm alles sehr genau und verkörperte eine gute Mischung aus väterlicher Strenge und Fürsorge.
Laura, klein, knuffig, mit langen honigblonden Locken und gut Mitte zwanzig, sorgte gern mit lustigen, zuweilen auch etwas zotigen Sprüchen für lockere Stimmung. Auf bemerkenswerte Weise vereinte sie Quirligkeit und spanische Mañana-Gelassenheit in sich. Ihre energische und zugleich einfühlsame Art, die Herberge zu führen, hatte ihr in einem deutschen Camino-Wanderführer das Lob eingebracht, „ein Juwel" zu sein.
„Was glaubt ihr wohl, wie viel ich bezahlt habe, damit der das schreibt?", witzelte sie darüber.
In gewisser Weise kam mir Mansillas kommunale Herberge fast wie ein Familienunternehmen vor. Bereits Lauras Mut-

ter hatte als Hospitalera gearbeitet, Vater Paco kam öfter vorbei, um nach dem Rechten zu sehen, und im Sommer half wie gesagt Rebeca, die Freundin von Lauras Bruder José Ramon, mit.
Rebeca, noch keine zwanzig, eine brünette Schönheit mit dunklen Rehaugen, klug und heiter, war eine genaue Beobachterin und ordentlich, ohne pingelig zu sein. Umsichtig brachte sie die Unterlagen für die Pilger-Statistiken der Gemeinde in einen lesbaren Zustand – eine verdienstvolle Aufgabe, um die wir anderen uns gern drückten.
Als vierte im Team stand ich altersmäßig zwischen Wolf und Laura, in der Hierarchie sah ich mich eher auf einer Stufe mit Rebeca, denn sie war die Jüngste und ich nur für begrenzte Zeit da. Gemeinsam hielten wir uns zurück, wenn Laura und Wolf organisatorische Probleme diskutierten, als hätten wir uns stillschweigend geeinigt, dass die beiden die Vor- und wir quasi die Zuarbeiter seien. Schließlich nahm Laura nicht nur als hauptamtliche Hospitalera und Wolf auf Grund seines Alters einen anderen Status ein. Als Spezialisten für die Behandlung von körperlichen Problemen waren beide außerdem begehrte Ansprechpartner der Pilger, wobei Laura für Blasen, Wolf für Muskelprobleme und Sehnenentzündungen zuständig war. Eher zufällig hatte er vor Jahren entdeckt, dass er mittels Handauflegen heilen konnte.
„Als Elektriker hab ich seinerzeit wohl so viel Strom abbekommen, dass ich den jetzt als Energie wieder abgeben kann", meinte er halb scherzhaft, halb ernst zu seiner Fähigkeit.
Sehnenentzündungen im Anfangsstadium konnte er ohne weiteres kurieren, Muskelverspannungen ebenso – und dabei löste er gelegentlich zugleich manch andere Blockade. Einmal fing eine ältere Pilgerin, nachdem Wolf ihr ein paar Minuten lang die Hände auf die schmerzende Wade gelegt hatte, zu weinen an. Sie schluchzte nicht, die Tränen strömten einfach aus ihr heraus, ohne dass sie sie zurückhalten konnte.

„Ich weiß selbst nicht, was mit mir los ist“, schniefte sie verlegen.
„Das ist ganz normal, das passiert oft“, sagte Laura begütigend und reichte der Frau ein Taschentuch. „Lassen Sie's einfach raus.“
Wir erfuhren in diesem Falle nicht, was sich diese Pilgerin von der Seele weinte – aber es war ihr anzumerken, wie gut es ihr tat.
Oft fungierte Wolf, wenn er sich um verkrampfte Muskeln und Sehnen kümmerte, zugleich als geduldiger und verschwiegener Beichtvater und Laura bekam ebenfalls allerhand Geschichten zu hören, während sie Blasen verarztete.
„Warum bringst du dich eigentlich nicht mehr ein?“, fragte sie mich eines Nachmittags, als wir im Empfangsbüro saßen und es gerade ruhig war. „Du hättest doch so viel zu geben, warum gehst du nicht mehr auf die Pilger zu?“
Ja warum nicht? Vielleicht, weil das jetzt einfach nicht für mich angesagt war. In Azofra war ich Zuhörerin für jeden, der das wollte, gewesen. In Molinaseca hatte ich mich nahezu rund um die Uhr um alle gekümmert, Herzlichkeit verströmt wie ein endloser Quell und mich dabei vermutlich ein bisschen verausgabt. Insofern war es mir sehr recht, dass ich mich hier nun etwas zurücknehmen konnte. Das versuchte ich, Laura zu erklären und fügte hinzu: „Außerdem seid ihr, Wolf und du, ohnehin als die Spezialisten für Blasen und Muskeln hier die Stars und wir beiden anderen stehen in der zweiten Reihe.“
„Genau“, nickte Rebeca, die wie üblich erst einmal genau zugehört hatte, bevor sie ihren Kommentar abgab, „das ist wie im Sport, da muss es auch eine zweite Reihe geben.“
„Und das stört mich überhaupt gar nicht“, betonte ich, „im Gegenteil – es gefällt mir, hier mehr zu beobachten als zu agieren und übrigens Laura, ob du's glaubst oder nicht – ich hab durchaus meine Fans.“

Laura lachte. „Stimmt schon. Einer davon sitzt in der Küche und schielt dauernd hierher. Du solltest mal zu ihm gehen."
Das tat ich und unterhielt mich eine ganze Weile angeregt mit meinem „Fan", einem netten Franzosen in meinem Alter, ein wenig alternativ gekleidet mit indischem Wams und besticktem Käppi. Er hatte einmal eine Zeitlang in einem indischen Ashram gelebt und dabei drei Wochen Schweigeexerzitien gemacht. Den Camino betrachtete er als eine weitere spirituelle Übung.
„Langes Gehen löst besondere Schwingungen aus", sagte er und bestätigte damit meine eigenen Erfahrungen und das, was mein alternativer Arzt dazu ausgeführt hatte. „Dadurch wird man offen, alle fünf Sinne voll zu nutzen – und den sechsten und siebten dazu."

Auch wenn es während meiner Stippvisite in Azofra zunächst anders ausgesehen hatte – es herrschte tatsächlich Hochsaison auf dem Camino. Fast jeden Tag war Mansillas Herberge bis auf den letzten Platz belegt und meist füllte sie sich, kaum dass wir die Türe aufgeschlossen hatten.
Oft rief Wolf bereits gegen vierzehn Uhr in Reliegos an, einem Dorf rund sechs Kilometer vor Mansilla, damit dort in Herberge und Kneipe Zettel ausgehangen würden: *Mansilla completo* – Mansilla voll belegt. Das nützte allerdings wenig, die meisten Pilger gingen trotzdem weiter, weil sie sich in den Kopf gesetzt hatten, in Mansilla zu übernachten und reagierten teilweise empört, wenn es dort keinen Platz mehr für sie gab. Überhaupt gab es häufig unangenehme Diskussionen mit Pilgern, die einfach nicht glauben wollten, dass sie nicht mehr unterkämen und es erstmal ablehnten, in eines der Leihzelte auf dem Campingplatz auszuweichen.
„Warum können wir nicht im Patio schlafen? Wir haben Matten dabei."

In einem der Vorjahre hatten Laura und Wolf sich breitschlagen lassen und rund einem Dutzend Pilger gestattet, im Hof zu übernachten, was das ältliche Abwasserrohrsystem nicht verkraftete. Am nächsten Morgen war die Kanalisation übergelaufen und für die Beseitigung der unappetitlichen Folgen musste die Herberge mehrere Tage geschlossen werden. Das sollte sich nicht wiederholen.
Allerdings hatten Wolf und Laura die Parole ausgegeben, die offiziellen Regeln für die Belegung nicht starr, sondern den Umständen angepasst zu handhaben.
Oder hätten wir etwa den Vater mit seinem behinderten Sohn weiterschicken sollen, weil sie als Radfahrer früh am Nachmittag eigentlich noch nicht aufgenommen werden durften? Selbstverständlich taten wir das nicht, sondern erlaubten ihnen zu bleiben. Später erfuhren wir die kleine bewegende Geschichte der beiden. Der Sohn, inzwischen siebzehn Jahre alt, hatte während seiner Geburt zu wenig Sauerstoff bekommen und einen leichten cerebralen Schaden erlitten, mit dem er aber tapfer umzugehen versuchte. Radfahren konnte er, und so hatte ihn sein Vater mit auf den Camino genommen.
„Sie glauben gar nicht, wie gut diese Pilgerreise dem Jungen tut“, erzählte uns der Vater, „er bekommt so viel Selbstvertrauen dadurch, ist unglaublich stolz, dass er das schafft.“
Generell durften Radfahrer bleiben, egal wie früh sie ankamen, wenn sie bereits eine Tagesetappe von über 100 Kilometern hinter sich hatten.
„Denen muss man die neunzehn Kilometer nach León nicht auch noch zumuten“, erklärte Wolf, „wer weniger hat, muss allerdings weiterfahren, wenn es noch nicht Abend ist.“
Obwohl diese Regelung vernünftig war, wollten manche Radler sie partout nicht einsehen, warfen uns vor, Fahrradfahrer als Pilger zweiter Klasse zu behandeln. Insgesamt schien der Umgangston wesentlich rauer geworden zu sein, als ich es von meinen bisherigen Einsatzorten gewohnt war.

„Das stimmt", bestätigte Wolf meine Vermutung, „und das kommt daher, weil jetzt so viele Touristen auf dem Camino unterwegs sind."

Auf meiner eigenen Pilgerreise war ich viel zu sehr mit mir selbst beschäftigt gewesen, als dass es mir aufgefallen wäre – aber in der Hochsaison ist der Camino tatsächlich neben dem Wallfahrtsweg zugleich eine äußerst beliebte Touristenroute, wobei die Grenze zwischen Pilgern und Touristen oft fließend ist.

Nachdem er lange Zeit fast vergessen schien, wurde der Jakobsweg in den letzten zehn, fünfzehn Jahren wieder zunehmend bekannter und ist inzwischen geradezu in Mode gekommen. Es gilt vielfach als zünftig, chic, cool oder was auch immer, ein paar Tage auf dem Camino zu gehen, mal reinzuschnuppern in die Pilgerei. Dagegen wäre eigentlich nichts einzuwenden, würden diese Camino-Touristen nicht denjenigen, welche die gesamte 750 Kilometer lange Route auf sich nehmen, die Plätze in den Herbergen streitig machen.

Daneben gibt es gerade in der Hochsaison zahlreiche *Peregrinos*, Pilger, die Wolf scherzhaft *Perebuses* nannte, weil sie nur die „Sahnestückchen" des Camino gehen und für schwierige oder monotone Etappen, oder wenn es regnet, den Bus nehmen. Um die begehrte *Compostela* zu erhalten, die Urkunde der Kathedrale von Santiago, welche die Vollendung der Pilgerreise bestätigt, reicht es ohnehin, nur die letzten 100 Kilometer zu Fuß beziehungsweise die letzten 200 per Rad zurückzulegen. Diese offizielle Regelung machen sich die so genannten Perebuses zunutze.

„Und wie ist das in deinem Leben sonst?", pflegte Wolf sie zu fragen. „Nimmst du dann auch jedesmal, wenn es unangenehm wird, den Bus?"

Damit löste er manch nachdenkliches Gespräch aus.

In Azofra, wo Roland seine eigenen Regeln gelten ließ, hatte sich das Problem, zwischen tatsächlichen und vermeintlichen Pilgern zu unterscheiden, für mich gar nicht gestellt – in Molinaseca, das per Bus nicht zu erreichen war, auch nicht. Nun sah ich mit Bewunderung, dass Wolf und Laura es geradezu „rochen", wenn es sich bei Neuankömmlingen um Touristen handelte.

Der Pilgerausweis war dabei übrigens wenig hilfreich, denn den gibt es in Spanien in fast allen Herbergen ohne Nachfrage, während man in Deutschland ein Empfehlungsschreiben braucht, um sich das Papier vorab von einer Jakobusgesellschaft ausstellen zu lassen.

Mit der Zeit lernte ich ebenfalls, einige Unterscheidungsmerkmale zu erkennen. Pochte beispielsweise jemand besonders nachdrücklich und lautstark darauf, ein „echter" Pilger zu sein, war Vorsicht geboten, meist war er es nämlich nicht. Während sich Pilger im Allgemeinen bescheiden oder unauffällig gaben, traten Camino-Touristen gern fordernd auf, was bis zur Unverschämtheit gehen konnte. Ein abschreckendes Beispiel dafür erlebte ich gleich an einem meiner ersten Tage in Mansilla.

Auf dem Weg vom Einkaufen zurück sah ich an jenem Mittag eine Gruppe von Männern und Frauen mittleren Alters vor einer Kneipe in der Sonne sitzen und Bier trinken. Sie trugen Wanderkleidung und hatten Rucksäcke neben sich, wirkten aber erstaunlich frisch und proper.

Mit denen wird es Ärger geben, dachte ich, ohne zu wissen, warum.

Es dauerte nicht lange, da tauchte die Gruppe in der Herberge auf, nun auf einmal seltsam verschwitzt – etwa von dem kurzen Weg vom Lokal hierher? – und legte ihre Credenciales zum Abstempeln vor. Bleiben wollten die Herrschaften zwar angeblich nicht, trotzdem inspizierten sie alles genauestens, trampelten treppauf, treppab und beschwerten sich lautstark, dass kein Raum mehr für sie ganz allein frei sei.

„Aber Sie wollten ohnehin hier nur Ihre Credenciales stempeln lassen", meinte Wolf leicht amüsiert und setzte hinzu: „Sie haben doch ein Begleitfahrzeug – oder?"
Heftiges Protestgeschrei; einer der Männer knallte gar seinen Fuß mit dem staubigen Wanderstiefel auf den Schreibtisch, brüllte: „Sieht dieser Fuß etwa nach Begleitfahrzeug aus?"
Allerdings, dachte ich, der Stiefel war zwar staubig, wirkte aber ansonsten kaum getragen. Unterdessen steigerte sich die Truppe in haltlose Beschimpfungen hinein, gegen Wolf und sämtliche anderen Anwesenden, gegen die Herberge als solche, verlangten schließlich zu wissen, wem sie gehöre und wer verantwortlich sei.
„Sie gehört der Gemeinde und ich bin verantwortlich", erklärte Laura, wie aufs Stichwort eingetroffen, betont ruhig und wies den Randalierern mit jener hoheitsvoll-stolzen Grandeza, zu der nur Vollblutspanierinnen fähig sind, die Tür.
„Diese Typen haben wir nirgendwo unterwegs auf dem Camino getroffen – aber jeden Abend sind sie in den Herbergen, die nehmen immer den Bus.", erzählten uns einige Pilger, die die Szene beobachtet hatten und sich nun zu uns ins Empfangsbüro setzten.
„Okay, bezüglich des Begleitfahrzeugs hab ich mich geirrt", meinte Wolf, „aber nicht im Bezug darauf, dass mit denen was faul war."
„Woran hast du das gemerkt – außer an den Wanderstiefeln?", wollte ich wissen.
„Ach, mit der Zeit bekommt man einen Blick dafür. Das verschwitzte Aussehen war nicht echt."
Dann erläuterte er mir und den interessiert lauschenden Pilgern die Tricks, um auszusehen, als sei man weit gewandert, ohne es tatsächlich getan zu haben.
„Das einfachste ist, sich das Hemd unter den Achseln und am Rücken mit Wasser nass zu machen und das Gesicht auch, sodass es scheint, man habe geschwitzt. Staub auf die

Schuhe holt man sich am Straßenrand oder an einem Sandhaufen. Es gibt auch welche, die mit dem Rucksack auf dem Rücken den Kopf für fünf Minuten weit nach unten hängen lassen, dann wird er rot wie nach längerer Anstrengung."

„Warum das ganze Theater – warum wollen diese Camino-Touristen unbedingt in Herbergen übernachten, obwohl sie gar keine echten Pilger sind?"

Wolf seufzte. „Weil es preiswert ist. Sie wollen einfach billig Urlaub auf dem Jakobsweg machen. Außerdem ist die Atmosphäre in vielen Herbergen toll."

Das war wohl wahr. Gerade das Empfangsbüro, mit Sofa und Sesseln ein wenig wie ein *Salón*, ein Wohnzimmer, ausgestattet, übte auf die Pilger eine magnetische Anziehungskraft aus. Sie gesellten sich gerne zu uns, als ob sie Nestwärme suchten. Gelegentlich spielten wir miteinander die spanische Version von „Mensch ärgere dich nicht", sie ließen sich wie üblich Ratschläge für den weiteren Weg geben oder mussten verarztet werden. Ganz besonders aber liebten sie es, skurrile Geschichten über andere Pilger zu hören, wie um sich zu bestätigen, dass sie selbst solche Marotten nicht hätten – oder vielleicht doch?

„Ja, ja, Pilger sind schon seltsame *Bichos*, seltsames Ungetier", sinnierte Wolf gern und berichtete von national-typischen Eigenheiten. „Franzosen steuern immer mit nachtwandlerischer Sicherheit auf das beste Zimmer zu – das mit dem Blick auf den Feigenbaum. Amerikanische Pärchen schlafen immer zusammen in einem Bett, egal wie unbequem das ist. Die Spanier sind ständig mit ihren Handys zugange, tippen SMS ein oder telefonieren so laut, dass man sie auch ohne Handy bis León hören kann. Und die Österreicher müsste man eigentlich gleich hier im Empfangsbüro an den Füßen hochheben und schütteln, damit ihnen dieses verdammte Tiroler Nussöl aus den Taschen fällt, womit sie uns immer die Laken versauen."

Wobei ich noch hinzufügte, dass grundsätzlich nur Deutsche mich fragten, von welcher Organisation ich denn sei – und es schwer nachvollziehen konnten, dass jemand selbst organisiert und aus freien Stücken als Hospitalera am spanischen Jakobsweg arbeitete.
Im Salón lag auch das Gästebuch für die Pilger aus und eines Abends machte sich ein freundlicher stiller Japaner daran, sich mit einer Zeichnung darin zu verewigen. Es wurde ein sehr hübsches Bild, mit Buntstiften gemalt, eine Impression von irgendwo am Camino und als ich dem Mann sagte, wie gut es mir gefiele, holte er seinen Skizzenblock heraus. Statt mit dem Fotoapparat hatte er seinen Pilgerweg mit Zeichnungen festgehalten, detailgetreu und sehr gekonnt.
„Sind Sie Maler?“, wollte ich wissen.
Er wiegte den Kopf, um anzudeuten, dass sich diese Frage weder bejahen noch verneinen ließe. „Vielleicht werde ich es, eigentlich war das schon immer mein Traum. Bisher habe ich in der Werbebranche gearbeitet. Aber jetzt ist alles anders.“
Er hielt inne und ich überlegte, wie alt er wohl sein mochte, dass er an einen Neuanfang dachte. Er sah aus wie Ende dreißig, konnte aber genauso gut Mitte fünfzig sein – Menschen anderer Rassen lassen sich für uns oft nur schwer schätzen.
„Meine Frau ist vor einiger Zeit gestorben“, fuhr der Japaner mit leiser Stimme fort, „ich habe mich auf den Camino begeben, um wieder zu mir selbst zu finden. Vielleicht weiß ich am Ende, dass ich Maler werde.“
Ich schluckte und schämte mich ganz entsetzlich. Da hatte ich unbekümmert läppische Phantasie-Szenarien entworfen von einem Witwer, der auf dem Camino wieder Freude am Leben finden wollte – und hier saß nun tatsächlich ein Witwer aus Fleisch und Blut vor mir, dem der Sinn beileibe noch nicht nach neuer Freude stand, der sich zuerst überhaupt einmal wieder fangen, aus seinem Schmerz zurück in den Alltag finden wollte.

Um meiner Verlegenheit Herr zu werden und um ihm zu zeigen, dass ich seine Zeichnungen wirklich gut fand, fragte ich: „Könnten Sie wohl ein Bild für mich malen?"
„Aber sicher. Was möchten Sie denn für ein Bild haben?"
„Der andere Hospitalero hat eine Zeichnung draußen an seiner Tür, damit alle wissen, dass er da wohnt", erklärte ich, „so was möchte ich auch gerne. Ein Bild für meine Zimmertür."
Der Japaner zückte seinen Block und seine Stifte und begann, mich zu porträtieren.
Das Bild war zwar letztlich nicht sehr ähnlich, wenn man von Frisur und Augenfarbe absah, aber äußerst ansprechend. „Wie schmeichelhaft", meinte Laura dazu, „er hat dich viel jünger gemalt."
Jedenfalls bedankte ich mich herzlich, was den Maler zu freuen schien. Erst im Nachhinein wurde ich mir bewusst, dass ich diesen Mann, obwohl er sehr liebenswürdig gewesen war, kein einziges Mal hatte lächeln sehen und nie werde ich seine tieftraurigen Augen vergessen, mit denen er mich, um das Porträt zu malen, immer wieder musterte.

Neben dem Salón übten die Küchen, insbesondere die Große im Vorderhaus, enorme Anziehungskraft auf die Pilger aus. Von Mittags an, kaum dass die Herberge geöffnet hatte, bis in die Nacht hinein werkelten, aßen und saßen sie dort – die Küchen als zentrale Treff- und Austauschpunkte, beliebter fast noch als der Patio.
Ich selbst hatte auf meiner Pilgerreise nur zwei, drei Mal gekocht. Es war mir zu umständlich, denn es gab keineswegs in allen Herbergsküchen die Grundausstattung, die man für anständiges Kochen braucht – Öl, Salz, Zucker, ein paar Gewürze – sodass man diese Dinge entweder jeweils immer wieder neu kaufen oder mitschleppen musste. Für unzählige Pilger ist die ernährungstechnische Improvisation à la

Pfadfinderlager aber offenbar wesentlicher Bestandteil des Erlebnisses Jakobsweg. Das anschließende Aufräumen der Küchen allerdings weniger und obwohl Wolf eigentlich der Strengere von beiden schien, schlug dann Lauras Stunde. Wenn es mal wieder nötig war, stellte sie sich, die Hände in die Hüften gestemmt, im Patio in Positur.

„Also Pilger, alle man herhören. Die Küche sieht aus wie ein Schweinestall. So geht das nicht. Wenn die in einer Stunde nicht aufgeräumt ist, schließe ich sie ab und dann kann keiner mehr dort kochen."

Nicht nur ich fand diese Auftritte eindrucksvoll, bei denen Laura keineswegs laut wurde oder ihr freundliches Gesicht verlor, aber mindestens zehn Zentimeter größer wirkte, als sie war. Diejenigen, die es betraf, dackelten danach brav in die Küche und brachten alles wieder auf Vordermann – um am nächsten Morgen nach dem Frühstück erneut ein Chaos zu hinterlassen, Motto: Nach uns die Sintflut.

Gerechterweise muss ich jedoch sagen, dass viele Herbergsgäste von sich aus nach der Küchenbenutzung alles wieder aufräumten. Vor allem diejenigen, die den Jakobsweg gänzlich zu Fuß oder per Rad zurücklegten, zeigten hier Verantwortungsgefühl – wohingegen Camino-Touristen sich eher gern zu drücken schienen.

„Ja, ja, die Küchen in Pilgerherbergen", seufzte Wolf einmal, „ein ewiger Zankapfel, nicht nur wegen dem Saubermachen."

„In meinen Anfangsjahren habe ich in der Küche Frühstück für die Pilger gemacht, vor allem für solche, die ganz früh morgens los wollten", erzählte mir Laura in diesem Zusammenhang. „Aber dann hat mir das die Gemeinde untersagt, weil die Lokale am Ort darin eine Konkurrenz sahen. Dabei hatten die in der Früh' alle noch zu."

Da war sie wieder, die alte Geschichte von Neid und Missgunst um das Geschäft, das mit der Pilgerei zu machen ist, und sie war in Mansilla noch längst nicht ausgestanden.

„Jetzt gibt es immer wieder Vorstöße bei der Gemeinde, dass die Küchen in der Herberge ganz geschlossen werden. Die Pilger sollten gefälligst in den Lokalen essen, heißt es." Laura verdrehte die Augen und schüttelte den Kopf. „Zum Glück sind sie bisher damit noch nicht durchgekommen."

Eine Schließung der Herbergsküchen würde sowieso keineswegs sämtliche Pilger in die Restaurants treiben. Es gab genug vor allem junge Leute oder solche, die von weither kamen, die mit wenig Geld auf dem Camino unterwegs waren, und sich deshalb hauptsächlich von belegten Broten ernährten. Sollte denjenigen etwa noch die Möglichkeit genommen werden, sich ab und zu eine Tütensuppe warm zu machen oder ein Ei zu braten – oder sollte die Hospitalera sich morgens vor der Arbeit keinen Tee mehr aufbrühen dürfen?

Anders denn als Pilgerin nutzte ich nun die Herbergsküche recht häufig, nicht nur für besagten Tee. Einmal bekochte ich das Team in der Herberge, weil Ana an jenem Tag keine Zeit dafür hatte, und wenn sie mir gelegentlich etwas Leckeres schickte, weil ich mal wieder eine Familienmahlzeit hatte ausfallen lassen, machte ich es mir in der Küche warm. Dabei traf ich eines Spätnachmittags am Herd einen spanischen Pilger, der trübsinnig in seinen Topf mit Kichererbsen schaute. Da er sie nicht über Nacht eingeweicht hatte, würden sie vermutlich Stunden brauchen, um essbar zu sein.

„Ich habe so gut wie kein Geld", hatte der Mann im Empfangsbüro leise zu Wolf gesagt, „deshalb übernachte ich immer irgendwo draußen auf den Feldern oder in einer Scheune. Aber könnte ich hier vielleicht bitte duschen und mir was kochen?"

„Selbstverständlich.", meinte Wolf und bot dem Pilger an, unentgeltlich in der Herberge zu übernachten. Doch das mochte dieser nicht annehmen.

Frisch gewaschen und gekämmt stand er nun also in der Küche und holte, während die Kichererbsen nicht weich werden wollten, seine weitere Verpflegung aus einem abgewetzten Rucksack: Brot und Hartwurst.

Ich wärmte gerade Anas *Pisto*, einen speziellen Gemüseeintopf mit Ei, und lud den Mann ein, ihn mit mir zu teilen: „Es ist sowieso viel zu viel für einen allein und bis du deine Kichererbsen essen kannst, dauert es noch ewig."

Er freute sich – erst recht, nachdem er von dem Pisto gekostet hatte – und schnitt mir ein paar Scheiben seiner Hartwurst ab, um sich zu revanchieren. Obwohl Vegetarierin aß ich sie mit Todesverachtung, weil ich ihn nicht kränken wollte, indem ich das wenige, was er mir anbieten konnte, ablehnte.

Während wir zusammen aßen, erzählte er ein bisschen von sich. Er stammte aus dem Baskenland, lebte aber in Barcelona, weil er in seiner Heimat keine Arbeit gefunden hatte.

„Ich bin Kellner und da war es für mich an der Küste natürlich besser. Doch vor ein paar Monaten hat das Restaurant, in dem ich beschäftigt war, zugemacht", seufzte er und schüttelte den Kopf. „Ich bin nicht mehr der Jüngste und bis jetzt konnte ich einfach keine neue Arbeit finden."

„Und warum bist du in dieser Situation auf den Camino gegangen?", fragte ich, obwohl ich die Antwort im Grunde wusste.

„Ich dachte, der Camino würde mir Kraft geben, damit ich den Mut nicht verliere, wenn ich noch lange suchen muss."

Wie seltsam, dachte ich. Da saßen wir und teilten nicht nur den Pisto, sondern hatten auch eine ganz ähnliche Lebenssituation – beide in mittleren Jahren, er arbeitslos, ich auf unsicherem Posten – und beide hegten wir die unbestimmte Hoffnung, dass die Magie des Camino die Dinge zum Besseren wenden würde.

„Viel Glück“, wünschte ich ihm zum Abschied, „für deinen weiteren Camino und überhaupt.“
„Genau das wünsche ich dir auch.“

Am *Día de Santiago*, dem Tag des Heiligen Jakobus am 25. Juli, gab es von offizieller Seite keinerlei Einwände dagegen, die Pilger in der Herberge zu bewirten und dafür die Küche zu nutzen – im Gegenteil.
„Die Gemeinde sagt, wir können machen, was wir wollen, sie zahlen“, verkündete Laura nach einem entsprechenden Vorstoß frohgemut und deutete mir mit einer Kopfbewegung an, mitzukommen.
In ihrem bevorzugten Tante-Emma-Laden des Ortes starteten wir den Großeinkauf – Schinken, Wurst, Käse, Brot, Melonen, Cornichons, Silberzwiebeln, Oliven, Nüsse, Chips, Getränke und was weiß ich noch alles in riesigen Mengen. José Ramon musste uns mit seinem Auto helfen, die Sachen in die Herberge zu transportieren.
Zusammen mit einigen Pilgern, die Laura von früher kannte, verzogen wir uns in die große Küche und machten Partyschnittchen, mehrfach belegt und reich verziert, schichteten sie auf von Ana ausgeliehene Platten. Im Patio schoben wir die Tische zu einer langen Reihe zusammen und beluden sie mit allem, was wir gekauft und mundgerecht zubereitet hatten. Nach und nach kamen die Pilger aus ihren Quartieren und beäugten das Geschehen. Dabei muteten sie auf drollige Weise ein wenig wie scheue Wildtiere an, die nicht so recht wissen, ob das Futter, welches da im winterlichen Wald abgeladen wird, tatsächlich für sie bestimmt ist. Auf wundersame Weise, als sei es so verabredet worden, befand sich ein Priester unter den Pilgern. Laura bat ihn, einen Segen zu sprechen und alle einzuladen, den Santiago-Tag gemeinsam zu feiern. Es wurde ein schönes Fest, das sich bis weit nach Mitternacht hinzog, und ich glaube, das lag nicht allein daran,

dass wir alle kostenlos üppig bewirteten, weniger hätte es vermutlich auch getan. Mir schien vielmehr, als würde durch das gemeinschaftliche Fest, ausgerufen aus Anlass des Tages des Heiligen Jakobus, einer Reihe von Herbergsgästen erst richtig klar, dass sie sich eben nicht auf einer simplen Wandertour, sondern auf einer Pilgerreise befanden.

„Wie viele Pilger sind wohl tatsächlich aus religiösen Gründen unterwegs, also richtig auf christlicher Pilgerfahrt – was meinst du?“, fragte ich Laura ein paar Tage später, während wir gemütlich in einer Cafetería saßen. Das empfand ich als höchst angenehm in Mansilla – weil wir in der Herberge ein Vierer-Team waren, konnten wir uns in ruhigeren Phasen allein oder paarweise öfters eine Auszeit gönnen.

Laura blähte die Backen. „Puh. Das ist sehr schwer zu sagen. Jeder Spanier wird dir natürlich sagen, er macht das aus Glaubensgründen, selbst wenn es nicht so ist. Ich persönlich würde sagen, es sind nicht sehr viele – und es werden immer weniger.“

„Dafür betrachten aber doch eine Menge den Weg als eine Art spirituelle Suche“, meinte ich, eingedenk der zahlreichen Shirley MacLaine- und Paulo Coelho-Leser auf dem Camino.

„Ach“, seufzte Laura, „ich weiß nicht recht. Manchmal denke ich, das ist nur aufgesetzt. Schau, ich bin jetzt seit sieben Jahren Hospitalera und in diesen Jahren hat sich unheimlich viel geändert. Du musst dir nachher in der Herberge nur mal die Gästebücher ansehen – weniger das von heuer, sondern die von einigen Jahren zuvor. Da merkst du den Unterschied. Früher standen darin oft längere spirituelle Überlegungen, Gedanken, welche die Pilger den Nachfolgenden als Anregung, Rat oder Trost hinterlassen wollten. Heute bedanken sich die allermeisten bloß für die Behandlung ihrer Blasen und Muskelkrämpfe.“

Sie lehnte sich zurück und dachte ein Weilchen nach, zog dann eine bedauernde Grimasse. „Mittlerweile kommt es mir oft vor, als habe sich der Camino geradezu in einen *Circo Jacobeo*, einen Jakobszirkus verwandelt – vor allem in der Hochsaison."

Zu einem Rummelplatz drohe der Jakobsweg zu werden, hatte bereits Tomás bei meinem Besuch in Manjarín gesagt. Stand es wirklich so schlimm?

In gewisser Weise musste ich Laura und Tomás Recht geben. Gerade in den Tagen vor dem Santiago-Fest hatte in der Herberge weniger Besinnlichkeit als die Ausgelassenheit eines Betriebsausfluges geherrscht. Einmal hatte ich morgens im Schlafsaal leere Weinflaschen unter den Betten gefunden

„Ach, da sind wieder Möchte-gern-Hemingways unterwegs", brummte Wolf dazu, „junge Amerikaner, die den Roman „Fiesta" gelesen haben und auf den Spuren des Meisters nach Pamplona gefahren sind. Dort haben sie vom Camino gehört, suchen da jetzt das große Abenteuer und denken, sie müssten sich jeden Abend wie Hemingway die Kante geben."

Das entsprach zwar nicht gerade dem Sinn einer Pilgerfahrt, aber solche Exzesse waren meiner Meinung nach kein Phänomen allein der jüngsten Zeit. Wenn ich an die Bücher dachte, die ich zur Geschichte des Weges gelesen hatte, kam es mir vor, als habe der Jakobsweg schon immer auch etwas von einem „Jakobszirkus" an sich gehabt.

Aus dem Mittelalter gibt es zwar keine Statistiken, aber moderne Schätzungen besagen, dass zur Hochblüte des Kultes um die Reliquien des Heiligen Jakobus jedes Jahr an die 200.000 Menschen nach Santiago de Compostela aufbrachen. Weniger vorsichtige Schätzungen sprechen sogar von zeitweise bis zu 500.000 Pilgern jährlich.

Menschen aller Schichten waren damals unterwegs, arme Bauern wie reiche Edelleute, Sünder, die für den Ablass nach Santiago pilgerten, Gläubige, die ein Gelübde einlösten, etwas erbitten wollten oder sich einfach um ihr Seelenheil sorgten – und auch Abenteurer. Schließlich war im Mittelalter

eine Pilgerfahrt die einzige gesellschaftlich akzeptierte Möglichkeit, von Zuhause fortzukommen, in ein fernes Land zu reisen, etwas Aufregendes zu erleben.
Zahlreiche Dörfer und Städte existierten zu jener Zeit fast ausschließlich vom Geschäft mit Pilgern, außerdem suchten Händler, Huren und Banditen entlang der Route auf ihre Kosten zu kommen. Insofern herrschte bereits damals am Camino neben aller Frömmigkeit zugleich durchaus auch eine Art Jahrmarktsatmosphäre.
Später verlor der Jakobsweg durch Reformation, spanische Inquisition und andere Faktoren seine Anziehungskraft, fiel für lange Zeit in ein Art Dornröschenschlaf, bis er im ausgehenden letzten Jahrtausend allmählich wieder daraus erwachte. Mittlerweile war er dabei, erneut zum Rummelplatz zu werden – aber wie die Geschichte zeigt, konnte sich das auch wieder ändern.
Außerdem – selbst auf einem Rummelplatz ist es möglich, zur Besinnung zu finden. Ein paar Tage zuvor hatten mich bei der Rückkehr vom Abendessen einige Pilger aufgefordert, mich im Patio zu ihnen zu setzen – alles junge Leute, darunter zwei großspurige amerikanische Jungs, noch grün hinter den Ohren, die sich zu vorgerückter Stunde aber immer nachdenklicher gaben.
„Dieser Camino", meinte einer von ihnen, „ich glaub', der hat mich schon sehr verändert. Auf diesen langen Strecken, da kommt man unheimlich zum Nachdenken. Wenn ich wieder Zuhause bin, werde ich mir jeden Tag eine Stunde Zeit nehmen, um irgendwo zu gehen – und einfach nur nachzudenken."
Das war schon ein Schritt auf dem „Weg zur Erkenntnis" – oder etwa nicht?
Ich besann mich auf meine eigene Pilgerreise. Hatten wir da abends in den Herbergen etwa immer nur tiefschürfende, besinnliche Gespräche geführt? Mitnichten! Auch wir hat-

ten oft einfach nur zusammen gesessen, getrunken, gelacht, gefeiert – das gehört genauso zum Jakobsweg wie die Selbstbesinnung, schließlich wird der Camino doch als Sinnbild des Lebensweges bezeichnet.
Als ich mich einmal in Molinaseca mit Alfredo darüber unterhalten hatte, ob sich der Jakobsweg angesichts der ständig steigenden Pilgerzahlen wohl sehr verändern würde, gab er mir Folgendes zu bedenken. „Nicht der Camino ändert sich – *wir* sind es, die sich verändern. Aber vergiss eines nicht – jeder macht seinen eigenen Camino. Und es ist gut, dass jeder Einzelne auch die Freiheit hat, ihn so zu machen, wie *er* will. Schließlich ist diese Erfahrung sehr persönlich, genauso wie die Motivation, die einen auf den Weg bringt. Niemand hat das Recht, einem anderen zu sagen, wie er seinen Camino zu machen habe."
Wohl war – aber angesichts der Massen, die in der Hochsaison die Herberge stürmten und abends Party im Patio machten, konnte man das zuweilen vergessen. Und ich verstand hauptamtliche Hospitaleros, die den ganzen Sommer über dem Trubel ausgesetzt waren, sehr gut, wenn sie mit einer gewissen Wehmut auf frühere ruhigere Zeiten zurückblickten.

Gelegentlich ließ ich meine bisherige Hospitalera-Zeit vor meinem inneren Auge Revue passieren und fand, dass ich viel Glück gehabt hatte mit allen drei Einsatzorten, trotz des Zerwürfnisses mit Roland. An jedem Ort hatte ich eine andere Rolle eingenommen und andere Einblicke gewonnen in das Herbergswesen, spanische Sozialstrukturen, die Befindlichkeiten von Pilgern und in das Phänomen Camino – und für mich persönlich viel gelernt.
Hier in Mansilla hatte ich darüber hinaus unerwartet Familienanschluss gefunden, der weit über die Teilnahme an den täglichen Mahlzeiten hinausging. Deutsche Zurückhaltung im Blut war ich anfangs etwas verlegen, wenn ich wie selbst-

verständlich zu Familientreffen mitgenommen, Freunden und Verwandten im Ort vorgestellt wurde, als sei ich tatsächlich eine Cousine oder Stiefschwester. Aber ich gewöhnte mich schnell daran, es gefiel mir, Teil einer großen Sippe zu sein, was vermutlich mit daran lag, dass ich in Deutschland eben keine solche hatte.

In Spanien spiele die Familie im Allgemeinen noch eine sehr große Rolle, hatte ich mal irgendwo gehört oder gelesen, nach wie vor sei sie ein Schutz- und Auffangnetz bei allen möglichen Schwierigkeiten. Man stehe nie allein da.

Gut und schön, dachte ich seinerzeit, aber manchmal kann so ein Netz sicher auch gefangen halten.

In Mansilla erlebte ich allerdings eher die positiven Funktionen dieses Familiennetzes, sah, wie dehnbar es bei Belastungen war.

„Bei uns zeigt man viel mehr Gefühl als bei euch in Deutschland“, erklärte mir Ana, „wir fassen uns mehr an, sind liebevoller und herzlicher – allerdings halt auch lauter, wenn wir streiten.“

Ich verstand immer besser, warum Wolf so gerne in Spanien war und in Deutschland regelrecht Heimweh nach Mansilla hatte. Da er jedes Jahr für mehrere Monate kam, war er natürlich noch weit mehr ein Teil von Lauras Familie als ich, die ich nur vorübergehend da war. Im Ort wurde er respektiert und geschätzt. Vermutlich lag das auch daran, dass er die Sitten und Gepflogenheiten genau achtete und niemanden mit unbedachten Äußerungen vor den Kopf stieß.

„Wenn du so gerne hier bist, warum bleibst du nicht das ganze Jahr?“, fragte ich ihn.

„Na ja, irgendwann muss ich daheim auch mal meine Familie verprügeln“, meinte er mit schiefem Grinsen. „Nein, im Ernst – ich habe mein Haus in Deutschland und außerdem ist hier im Winter sowieso nichts los. Die Herberge ist dann im Prinzip zu und an der Tür hängt ein Zettel mit Lauras Telefonnummer – für die wenigen, die unterwegs sind."

Winterpilger seien ganz anders, das hatte ich schon von Roland und Alfredo gehört und auch Wolf und Laura betonten es immer wieder, wenn wir über den hochsaisonlichen Jakobszirkus mit all seinen Auswüchsen sprachen. Ich konnte mir das durchaus vorstellen – wer in der unwirtlichen kalten Jahreszeit den Camino ging, der musste eine besondere Motivation haben. Aber welche?

Allmählich reifte in mir die Erkenntnis, dass – was immer ich über meine Hospitalera-Zeit schreiben würde – unvollständig bliebe, wenn ich nicht auch den winterlichen Camino und seine Pilger kennengelernt hätte. Wieder einmal zog ich Wolf zu Rate, wo ich am besten im November oder Dezember als Hospitalera arbeiten könnte. Nach kurzer Überlegung empfahl er mir die private Herberge in Rabanal del Camino, jenem kleinen Dorf im Gebirge oberhalb von Molinaseca.

„Die hat das ganze Jahr über offen, nicht nur einen Zettel an der Türe für den Bedarfsfall. Und so ein einsames Bergdorf im Winter ..."

Er brauchte gar nicht weiter zu sprechen, ich war bereits überzeugt, dass Rabanal der richtige Ort für mich sei. Wolf kannte die Besitzer der Herberge gut, rief sie an, erklärte, wer ich war und was ich wollte und vereinbarte einen Tag, an dem ich kommen sollte, um mich vorzustellen.

Ein paar Tage später fuhr ich per Bus und Anhalter nach Rabanal. Das Vorstellungsgespräch mit Isabel, einer Frau etwas jünger als ich, die für die Herberge verantwortlich war, verlief freundlich, einvernehmlich und knapp, denn auch in Rabanal herrschte Jakobszirkus.

„Am liebsten wäre mir, du kämest Ende November, da will ich nämlich selbst zwei Wochen auf den Camino gehen",

erklärte Isabel. „In dieser Zeit könntest du mich vertreten und meine Mutter unterstützen."
Sie stellte mich der Mutter, dem Vater und ihrem Bruder José kurz vor und lud mich noch auf ein Bier ein. Dann machte ich mich wieder auf den Weg zurück nach Mansilla.
„Ein ziemlich dicker Mann ist angekommen und hat nach dir gefragt", sagte Laura statt einer Begrüßung.
Matthias – wie schön, ihn wiederzusehen. Wir gingen etwas trinken und Tapas essen und erzählten einander, wie es uns in der Zwischenzeit ergangen war. Matthias hatte seinen Pilgerweg in Tagesetappen von fünfzehn bis zwanzig Kilometern zurückgelegt und sich deshalb auch keineswegs übernommen, wie Skeptiker Zuhause es ihm vorausgesagt hatten. Im Gegenteil, er fühlte sich großartig und war begierig darauf, Santiago zu erreichen.
„Die Energie wird immer größer, je näher man Santiago kommt", erklärte er mir und zog sein Pendel aus der Tasche. Ich verstand nicht viel davon, fand es aber faszinierend, wie rasend schnell Matthias' Pendel ausschlug. Ein Beweis dafür, dass tatsächlich entlang dem Camino geheime Energiebahnen verliefen?

Nein, nein, nein, es gefiel mir gar nicht, dass ich nun bald nach Deutschland zurückfliegen sollte, vor allem vor dem Hintergrund der düsteren beruflichen Aussichten, die mich dort erwarteten. Ich hatte Laura einmal kurz davon erzählt und sie hatte nach einigem Nachdenken gemeint: „Vielleicht solltest du was ganz Neues machen. Schließlich sprichst du vier Sprachen und hast so viele andere Qualitäten."
Das mochte ja sein, aber ich war über fünfzig und das war der Knackpunkt auf dem Arbeitsmarkt, selbst wenn ich mich wesentlich jünger fühlte und – wie mir alle ständig versicherten – auch so wirkte.

Zum Abschied schenkte Laura mir eine kleine Heiligenfigur – Sankt Pankraz.

„Der ist zuständig für gute Geschäfte, deshalb steht er bei uns in Spanien in allen Kneipen“, erklärte sie und fügte beziehungsreich hinzu, „und er fördert Neuanfänge aller Art.“

Was hatte das zu bedeuten, dass ich in meiner Hospitalera-Zeit ständig Glücksbringer geschenkt bekam? Dies war nun schon der Dritte.

Ich hatte meine Jademuschel für Schutz auf allen Wegen, meinen Achatelefanten mit erhobenem Rüssel für Glück im Allgemeinen und nun noch Sankt Pankraz, der mir bei einem Neuanfang beistehen sollte.

Jetzt fehlte mir eigentlich nur noch eines – göttlicher Segen.

# Gelübde und Neuanfänge

## Rabanal del Camino

Das Autoradio spielte die neuesten spanischen Hits und Laura und Rebeca sangen lauthals mit, während José Ramon sicher und konzentriert den Wagen durch die novembergraue Landschaft Richtung Rabanal steuerte. Meine spanische Familie brachte mich zu meinem neuen Einsatzort.
Tags zuvor war ich in Mansilla angekommen. Ich hatte einen Gabelflug gebucht – hin nach Madrid, zurück ab Santiago, das musste zum Abschluss einfach sein – und ich hatte mich sehr einheimisch gefühlt, als ich in der spanischen Hauptstadt landete. Inzwischen wusste ich genau, wie ich mit öffentlichen Verkehrsmitteln vom Flughafen zum Busbahnhof kam, kaufte mir dort ein Ticket nach Mansilla und rief Laura an, um ihr zu sagen, wann ich einträfe.
Der Bus ging erst am späteren Nachmittag, ohne zu lesen hinter einem Buch sitzend döste ich mich durch die Wartezeit und hatte das seltsame Gefühl „entkommen" zu sein.
Meine berufliche Situation in Deutschland sah mittlerweile noch düsterer aus. Der Sender hatte einigen freien Mitarbeitern, darunter auch mir, erklärt, dass er uns mit Jahresende nicht weiter beschäftigen könne. Danach war ich quasi arbeitslos.
„Lass Spanien sausen", hatten Freunde und Bekannte mich vor diesem Hintergrund gemahnt, „bleib in Deutschland und versuch, was Neues zu finden."
Doch ich entschied mich ganz bewusst anders. Nicht nach Rabanal zu fahren hätte bedeutet, meine Recherchen in Sachen Hospitalera und Camino unvollendet zu lassen, und wenn ich schon meine andere Arbeit verloren hatte, wollte ich wenigstens dieses Projekt abschließen Außerdem war

mir, aber das sagte ich niemandem, als sei für mich ganz persönlich noch irgendetwas am Camino offen geblieben, als gäbe es dort noch etwas, das ich bisher nicht entdeckt hatte.

Gegen neun Uhr abends fuhr mein Bus in Mansilla ein. Da standen sie – Laura, Rebeca, José Ramon – zogen mich aus dem Bus und in die Bar, versorgten mich mit dem neuesten Klatsch, bevor wir nach Hause fuhren.

Es war wirklich wie heimkommen. Ana hatte eines meiner Lieblingsgerichte zubereitet – *Tortilla*, spanisches Kartoffelomelett – und nach dem Essen sackten wir in die Sofas vorm Fernseher und sahen aneinander gelümmelt *„Operación Trionfo"*, die hiesige Variante der Suche nach dem Superstar. Geborgen in der tröstlichen Normalität spanischen Familienlebens empfand ich Deutschland mit all seinen Problemen weit weg wie einen anderen Stern.

In der Herberge bekam ich wieder mein Hospitalera-Zimmer, hatte das Hinterhaus für mich allein, weil im Winter nur der vordere Trakt für Pilger geöffnet war.

Zwei von ihnen sah ich am anderen Morgen, als ich nach alter Gewohnheit meinen Rundgang machte. Es waren Japaner im Studentenalter, die umständlich ihre Sachen zusammenpackten und dafür alles auf dem Boden ihres Zimmers ausgebreitet hatten. Ich nickte ihnen zu, machte schon mal in den anderen Räumen ein bisschen sauber. Danach ging ich in meiner Lieblingscafetería frühstücken. Ich genehmigte mir gerade den zweiten Café con leche, als ein Pilger hereinkam, ein Mann etwa in meinem Alter. Er wirkte sympathisch mit seinem freundlichen Gesicht und dem gepflegten dichten Schnauzbart. Aber den Ausschlag, ihn anzusprechen, gab ein drolliges kleines Detail, das ich einfach liebenswert fand – an seinen Rucksack hatte er einen Regenschirm gebunden, der einem Londoner Gentleman alle Ehre gemacht hätte.

Er hieß Bram, war so sympathisch, wie er aussah, und stammte aus Utrecht in Holland. Von dort war er im September aufgebrochen, um nach Santiago zu wandern.
„Ich bin gerade in einer Umbruchsphase meines Lebens“, sagte er dazu, „deshalb habe ich mir eine Auszeit genommen und gehe den Camino.“
Das fand ich interessant und hätte gern mehr darüber gehört, aber dazu würde es ja vielleicht in Rabanal Gelegenheit geben, wenn er dort Halt machte. Jedenfalls erklärte ich ihm genau, wo ich als Hospitalera Dienst tun würde und fügte hinzu, ich würde mich freuen, ihn dort zu treffen. Dann sah ich zu, dass ich zurück in die Herberge kam. Laura wartete schon auf mich.
„José Ramon und Rebeca sind gleich mit dem Wagen da. Wir bringen dich nach Rabanal.“
„Aber das müsst ihr doch nicht machen“, protestierte ich halbherzig.
„Und wie willst du sonst dahin kommen?“
Das stimmte nun auch wieder. Bus oder Bahn gingen nur bis Astorga, die letzten zwanzig Kilometer auf der einsamen Landstraße hätte ich trampen müssen oder Isabel anrufen, damit sie mich abholte.
„Dreizehn Pilger haben von gestern auf heute hier übernachtet“, wechselte Laura das Thema. „Ein verrücktes Jahr ist das heuer. Noch jede Menge Pilger im November – das ist total ungewöhnlich. Deshalb lasse ich die Albergue im Winter auf und viele andere machen es ebenso.“
Ich hätte mir gar nicht unbedingt das abgelegene Rabanal aussuchen müssen, sondern sozusagen freie Auswahl gehabt. Aber das war nicht vorhersehbar gewesen und außerdem sprach einges für das kleine Gebirgsdorf, abgesehen von der Tatsache, dass hier wirklich fast alle Pilger Halt machten vor der Überquerung des Gebirges. Es würde einsam sein und damit vermutlich ein wenig skurril und auf jeden Fall ganz anders als meine bisherigen Einsatzorte.

Im Sommer geht es in Rabanal überaus lebhaft zu. Drei Herbergen gab es im Ort, die bekannteste war die von einer englischen Bruderschaft betriebene Albergue Gaucelmo im Ortszentrum direkt am Camino. Wegen dieser Lage landeten viele Pilger automatisch zunächst dort, doch in der Hochsaison wurden auch die beiden anderen, die städtische und die private Albergue am Ortsrand neben der Landstraße, rasch ebenfalls voll.

Im Winter nun hatte von den drei Herbergen lediglich eine geöffnet – die private, in der ich arbeiten würde.

Gegen Mittag kamen wir in Rabanal an und wurden, trotz verhaltener Proteste seitens meiner Begleiter, zum Essen gebeten.

„Morgen geht's los auf den Camino", erzählte Isabel bei Tisch voller Vorfreude, „und zwar mit Alfredo aus Molina und einigen seiner Freunde. Das wird bestimmt lustig."

Beneidete ich sie darum? Ich wusste nicht recht – jetzt im beginnenden Winter würde es in den meisten Herbergen sicher ganz schön ungemütlich sein, nicht überall würde es Heizöfchen geben wie in Mansilla oder Kamine wie in Molinaseca.

Nach dem Essen machten sich Laura, Rebeca und José Ramon auf den Heimweg und Isabel führte mich an meinem neuen Wirkungsort herum, zeigte mir mein Zimmer. Es lag im Wohntrakt der Familie und war sehr klein aber mit Heizung, wie ich erleichtert feststellte. Vom Fenster aus konnte ich in den Innenhof und über das Dach des gegenüberliegenden Wirtschaftsgebäudes auf die weite Landschaft sehen. Die Albergue war einst ein Bauernhof gewesen, im typischen Stil der Gegend gebaut. Wirtschafts- und Wohngebäude umschlossen einen großen Innenhof, zu dem sich Fenster und Türen öffneten – eine Anlage wie eine kleine Trutzburg, von der Straße her durch ein großes Tor zu erreichen. In den neunziger Jahren hatte die Familie das Gehöft umgebaut, um sich statt der Haltung von Vieh nun der Haltung von Pilgern zu widmen. Schlafsäle und Sanitäranlagen wurden eingerichtet, sowie eine offene Bar mit langem Tresen im Patio, wo es Getränke und kleinere Gerichte gab.

Rund siebzig Pilger konnten in dieser Herberge bequem übernachten, mit Improvisation und unter Zuhilfenahme von Matten ließen sich gar über 100 Menschen unterbringen – im Sommer in der Hochsaison.

Jetzt im Winter war die Bar geschlossen, die großen Schlafsäle ebenso. Nur ein kleinerer Raum mit sechzehn Betten stand den Pilgern zur Verfügung, dazu Sanaitäranlagen und der Aufenthaltsraum mit Kochecke und – ganz wichtig – einem Kamin. Mein Arbeitsbereich war also ausgesprochen überschaubar.

„Wird dir nicht langweilig werden?", fragte Isabel denn auch besorgt.

„Ich habe jede Menge Bücher dabei", beruhigte ich sie, „außerdem kann ich hier in der Gegend doch sicher ein bisschen wandern, wenn gerade nichts los ist."

„Bestimmt kannst du das", nickte Isabel, „obwohl – es ist schon erstaunlich, wie viel jetzt noch los ist auf dem Camino. Ein merkwürdiges Jahr ist das heuer."

Später machte ich einen Rundgang durchs Dorf. Die meisten Häuser waren verrammelt und verriegelt, bei einigen sogar die Fenster mit Brettern zugenagelt. Immerhin hatten die beiden Lokale geöffnet, das „Mesón" gegenüber der Kirche und Gaspars „Posada" oben am Ende der Dorfstraße.

„Gibt's hier keine Geschäfte?", fragte ich, nachdem ich zurück war.

Esperanza, Isabels Mutter, schüttelte den Kopf. „Alles zu im Winter."

Immerhin, so erfuhr ich, kam allmorgendlich der Bäckereiwagen und hupte vor den bewohnten Häusern, brachte Brot, Kuchen, Zeitungen. Einmal pro Woche fuhr der Drogeriehändler das Dorf an und dienstags, wenn in Astorga Wochenmarkt war, ging am Vormittag ein Bus dorthin und mittags wieder zurück – die einzige Busverbindung in der Woche.

„Wie viele Menschen leben hier eigentlich im Winter?", erkundigte ich mich ein wenig beklommen.

„An die dreißig, vierzig – fast alles Rentner", meinte Esperanza ungerührt. „Diejenigen, die es sich leisten können, sind über den Winter in ihren Wohnungen in Madrid und kommen erst im Sommer wieder hierher. Dann leben über 200 Menschen in Rabanal."

Im Sommer, erinnerte ich mich, hatte ich im Dorfbild und in den Kneipen allerhand bunt gewandtes Alternativvolk gesehen, war mit einigen ins Gespräch gekommen, die Schnickschnack verkauften oder Massagen anboten. Jetzt waren sie alle in wärmere Gefilde gezogen. Bei meinem Rundgang hatte ich keinen Menschen gesehen, die zugigen Gassen schienen wie ausgestorben.

Meine Güte, dermaßen trostlos hatte ich es mir doch nicht vorgestellt. Ein wenig erinnerte mich das Ambiente an den Film „Shining". In diesem Psychoschocker spielt Jack Nicholson einen Schriftsteller, der sich mit seiner Familie in ein abgelegenes, geschlossenes Hotel zurückzieht, um es über den Winter einzuhüten – und in dieser Einöde wahnsinnig wird. Das würde mir hoffentlich nicht passieren.

Abends nahmen Isabel und ihr Bruder José mich mit auf eine Copa in Gaspars Posada. Er stand selbst hinter dem Tresen und freute sich, mich wiederzusehen. Doch weil er ein zurückhaltender Mensch war, zeigte er das nicht überschwänglich, sondern indem er mein Glas nie leer werden ließ und ich nichts bezahlen durfte.

Am anderen Morgen brach Isabel auf ihren Camino auf und mein Alltag in Rabanal begann. Von meinen bisherigen Einsatzorten daran gewöhnt, dass Pilger früh losmarschierten, stand ich kurz vor acht auf, um im Aufenthaltsraum nach dem Rechten zu sehen. In jener Nacht war der Schlafsaal voll belegt gewesen und die meisten dieser Pilger saßen nun noch beim Frühstück oder sie packten gerade ihre Sachen zusammen. Eigentlich hätte ich mir denken können, dass im Winter alles gemächlicher zuging und dass keiner auf die Idee kam, sich im Morgengrauen auf den Weg zu machen. Deshalb ging ich zurück in die Familienküche, wo ich mir einen Tee braute und erst mal abwartete. Gegen neun tauchte Mutter Esperanza auf, kochte sich Kaffee und setzte sich zu mir, um ihn in aller Ruhe zu trinken. Anschließend wies sie mich im Pilgertrakt ein.

„Um den Kamin brauchst du dich nicht zu kümmern“, meinte sie dabei, „das mit dem Funkenschutz ist ein bisschen kompliziert – deshalb mach ich das.“

Mir sollte es nur recht sein, wie ich in den nächsten Zeit überhaupt alle Dinge nahm, wie sie kamen. Die Pilger hatten an meinem ersten Morgen alles ziemlich ordentlich hinterlassen, das hieß, ich war rasch mit der Arbeit fertig, und weil ich nichts besseres zu tun wusste, schlenderte ich durch das geisterhafte Dorf zur Posada.

Ich bestellte einen Café con leche und Gaspar schob mir dazu ein *Pastel*, ein Kuchenteilchen, hin und wartete ab, ob ich ein Gespräch beginnen wollte. Ich sollte ihn in meinen zwei Wochen Rabanal sehr schätzen lernen mit seiner zurückhaltenden Freundlichkeit und Hilfsbereitschaft. Fast jeden Tag sah ich bei ihm vorbei, auf einen Kaffee oder abends auf ein Glas Wein. Dabei führten wir keine tiefschürfenden Unterhaltungen, denn Gaspar war kein Mann großer Worte. Gelegentlich erzählte ich ein bisschen, unter anderem von meiner momentan etwas desolaten Situation in Deutschland, und er hörte zu. Ansonsten schwiegen wir freundschaftlich miteinander.

„Ganz schön einsam das Dorf im Winter“, meinte ich an diesem Morgen, „ich bin ja jetzt nur für kurze Zeit da – aber wenn man hier lebt, ist es sicher nicht einfach.“
„Hm“, brummte Gaspar und erklärte, dass er und seine Familie nicht in Rabanal wohnten, sondern in Astorga, wo er ein weiteres Hotel habe. Das müsse ich mir bei Gelegenheit mal ansehen, genauso wie das alte Herrenhaus, das er gerade zu einer Herberge umbaue.
„Im Übrigen – wenn dir mal langweilig wird, komm nur vorbei. Du kannst dann mein Auto haben und irgendwo hinfahren“, bot er mir an, bevor ich wieder in die Albergue ging.
„Aber er kennt mich doch kaum“, sagte ich später zu José, „er weiß lediglich, dass ich bei Alfredo in Molina gearbeitet habe und jetzt bei euch Hospitalera bin.“
„Das reicht hier bei uns“, erklärte José.

„Wie viele Pilger kommen heute – was glaubt ihr?“, hatte ich an meinem ersten Tag beim Mittagessen gefragt.
„Höchstens fünf bei dem Wetter“, meinte José, denn es regnete Bindfäden.
„Mindestens acht“, setzte ich dagegen.
Letztlich wurde es ein gutes Dutzend und das Tippen der richtigen Zahl entwickelte sich zu einem Spielchen, das wir – wenn auch ohne Wetteinsatz – jeden Tag spielten und an dem sich die ganze Familie beteiligte. Meistens lagen wir alle falsch, tippten zu niedrig. Obwohl November und trotz des regnerischen, kalten Wetters waren eine ganze Reihe Pilger auf dem Camino unterwegs. Ruhige Tage, an denen nur vier oder fünf in der Herberge abstiegen, gab es selten, oft hatten wir ein Dutzend oder mehr Gäste.
Es war zumeist früher Nachmittag, wenn die ersten eintrafen. Um mir den häufigen Hin- und Herweg vom Wohnhaus zum Pilgertrakt zu sparen, machte ich es mir nach dem Mittagessen im Aufenthaltsraum gemütlich, wo der Kamin

bereits brannte, wartete auf Kundschaft und versuchte, mich dem Phänomen Winterpilger anzunähern.
Waren sie wirklich „anders“, wie erfahrene Hospitaleros immer wieder behaupteten?
Zunächst wusste ich nicht recht, wie ich das feststellen sollte. Mir schien zwar, es seien mehr ältere als junge Leute unterwegs, mehr Männer als Frauen, aber letztlich war das weder ein durchgängiges Muster noch irgendwie bedeutungsvoll.
Nach ein paar Nachmittagen allerdings, die ich bei den Pilgern im Aufenthaltsraum verbracht hatte, nach ein paar Abenden, an denen ich mit einigen von ihnen Wein in der Posada getrunken hatte, verstand ich, was meine Kollegen gemeint hatten.
Von Pilgern in den wärmeren Jahreszeiten hatte ich oft gehört, dass sie – wie ich seinerzeit auch – das Gefühl gehabt hätten, sie sollten *jetzt* den Jakobsweg gehen. Doch dabei überlagerten sportlicher Ehrgeiz, touristische Ambitionen, Kontaktbedürfnis vielfach die eigentliche Motivation für den Camino und sie brauchten manchmal lange, um zu merken, warum sie sich tatsächlich auf den Weg gemacht hatten.
Die Pilger, die jetzt unterwegs waren, hingegen wussten gemeinhin sehr genau, warum sie den Camino gingen. Eine ganze Reihe war tatsächlich aus Glaubensgründen unterwegs, also Pilger im ursprünglichen Sinne, und die meisten standen an einer Schnittstelle ihres Lebens – genau wie ich selbst gerade. Ob wir nun in jenem November den Camino gingen oder in einer Albergue die Stellung hielten, ob wir älter waren oder jünger, befanden wir uns in einer ähnlichen Situation, wo für uns etwas zu Ende ging und etwas Neues begann, von dem es oft noch unklar war, wie es aussehen würde.
Während ich das entdeckte, wurde mir zugleich bewusst, dass ich bei diesem Hospitalera-Einsatz – wieder einmal – eine andere Rolle eingenommen hatte. Hier in Rabanal war

ich – im Sinne dessen, was Alfredo einmal gesagt hatte, nämlich dass auch Hospitaleros Pilger seien, wenn auch auf andere Art – eine Pilgerin unter Pilgern und wurde von ihnen auch als ihresgleichen betrachtet. Das lag weniger daran, dass ich den ganzen Nachmittag bei ihnen im Aufenthaltsraum saß oder dass ich mit derben Wanderstiefeln, dicken Socken und mehreren Schichten warmer Kleidung zwiebelartig übereinander ziemlich pilgermäßig aussah. Vielmehr einte uns die Hoffnung, dass uns der Camino in der Umbruchsituation, in der wir uns jeweils befanden, irgendwie weiterhelfen könne.

Junge Menschen standen an der Schwelle zu Studium oder Beruf, wie der ehemalige Zivildienstleistende aus Deutschland, der noch herausfinden musste, welchen beruflichen Weg er einschlagen wollte. „Und weil ich doch Jakob heiße, hab ich mir gedacht, ich sollte den Jakobsweg machen."

„Weißt du denn jetzt, was du werden willst?", fragte ich ihn.

„Noch nicht ganz genau, aber es nimmt immer klarere Formen an. Auf jeden Fall wird es etwas im Sozialbereich sein."

Andere Pilger standen zwischen zwei Arbeitsverhältnissen oder hatten ihren bisherigen Beruf aufgegeben, um sich einer neuen Beschäftigung zuzuwenden. Ein Südafrikaner Mitte dreißig plante sogar ein ganz neues Leben in Europa, weil er die nach wie vor herrschenden Spannungen zwischen Schwarz und Weiß in seinem Heimatland nicht mehr ertrug. Er hoffte, sich auf dem Camino darüber klar zu werden, wie und wo genau er künftig leben wollte.

Einen neuen Lebensabschnitt hatte auch ein reizendes Ehepaar aus der Schweiz vor sich, das ich eines Abends in der Posada traf. Der Mann war gerade pensioniert, die Kinder aus dem Haus. Deshalb wollten die beiden nun etwas Außergewöhnliches zusammen machen – als Zwischenglied zwischen der Berufstätigkeit und dem Rentnerleben – etwas, an das sie sich später gemeinsam gern erinnern wür-

den. Dazu gingen sie den Camino in seiner langen Form, waren bei sich Zuhause in Zürich losmarschiert.
„Eigentlich wollten wir es ganz echt machen mit Übernachtung in den Herbergen", erzählte die Frau, eine bildschöne Person mit langen eisgrauen Haaren und strahlend blauen Augen, „aber dann musste ich feststellen, das ging nicht. Ich kann einfach nicht schlafen, wenn jemand schnarcht oder ein Notlicht brennt. Also sind wir jetzt in Hotels." Sie lächelte ein wenig bedauernd. „Das ist halt auch so eine Erfahrung auf dem Camino, dass manches eben nicht mehr möglich ist und das muss man akzeptieren."
Selbst die beiden japanischen Studenten, die ich bereits in Mansilla gesehen hatte, waren nicht aus touristischen Gründen unterwegs, suchten kein exotisches Abenteuer in einem für sie fremdartigen Land, wie ich ihnen anfangs unbesehen unterstellt hatte.
„Na, ihr beiden, was hat euch denn auf den Camino gebracht?", fragte ich, während sie in der Kochecke der Herberge ihren Reis zubereiteten. „Doch wohl kaum der Heilige Jakobus?"
„Nein, das nicht", antwortete der Ältere von beiden in erstaunlich gutem Englisch und erzählte mir, dass er sein Studium in Japan für ein Jahr unterbrochen habe, um in Dublin Englisch zu lernen. Diese Zeit war nun zu Ende, er würde bald nach Japan zurückkehren, wo dann – nach einem weiteren Studienjahr – der Ernst des Lebens auf ihn wartete.
„Deshalb wollte ich vorher unbedingt etwas machen, worauf ich stolz sein könnte", erklärte er. „Da habe ich vom Camino gehört und mir gedacht: Wenn ich diesen langen Weg schaffe, dann gewinne ich so viel Selbstvertrauen, dass ich für die Arbeitswelt und alles, was sonst noch in Japan auf mich zukommt, gewappnet bin."
Ob auf seinen Freund Ähnliches zutraf, erfuhr ich nicht, denn der sagte nie etwas, vielleicht ging er einfach aus Samurai-Treue mit.

Mehr als die warmen Monate schien mir der unwirtliche November vor allem einzelnen Wanderern zu gehören, einsamen Wölfen und Wölfinnen, die allein gingen, um in sich zu schauen, sich aber abends in den Herbergen gern zum Rudel zusammen fanden. Allerdings vollzog der Camino auch jetzt seine Kuppler-Funktion, fügte Pilger zu Paaren zusammen – wenn sie das brauchten.

Eines Nachmittags schleppte sich ein junger Deutscher in die Herberge, der ziemlich abgerissen aussah mit seinen verfilzten Rasta-Locken und dem schmuddeligen Pulli Marke „selbstgestrickt". Seine alternativ anmutende Ausrüstung war nicht gerade wintertauglich – kein Wunder, dass er sich eine schwere Erkältung geholt hatte. Nicht nur aus gesundheitlichen Gründen verordnete ich ihm eine heiße Dusche, bevor ich ihn ins Bett schickte und ihm eine heiße Zitrone mit Honig brachte.

Am Abend traf seine Freundin per Fahrrad ein, eine überaus adrette Kanadierin, geradezu das Kontrastprogramm zu ihm. Sie kümmerte sich rührend um den Jungen, aber das half nichts. Am anderen Morgen konnte er kaum noch schlucken und hatte Fieber.

„Ihm geht es sehr schlecht, wir müssen hier bleiben", sagte das Mädchen zu mir.

„Schon klar – und er braucht unbedingt Antibiotika, aber hier im Ort gibt es weder Arzt noch Apotheke", meinte ich und ging José suchen. Doch der war an diesem Morgen nicht greifbar, vermutlich zu Freunden gefahren oder in die Stadt. Weil mir nichts Besseres einfiel, schickte ich das Mädchen zu Gaspar.

„Frag ihn, ob jemand aus der Posada heute noch nach Astorga fährt und euch mitnehmen kann. Dann geht ihr zum Arzt und zurück müsst ihr halt trampen."

Dank Gaspars Hilfsbereitschaft mussten sie das jedoch nicht. Er selbst fuhr die beiden sowohl hin als auch später wieder

zurück. Abends bedankte ich mich herzlich dafür, aber er winkte ab, als sei das selbstverständlich gewesen.
Während der Junge sich gesund schlief, erzählte mir das Mädchen später ein wenig von ihnen beiden. Pascal habe gerade das Gymnasium hinter sich, erfuhr ich, er sei ein Junge aus gutem Hause, völlig verträumt und mit mangelhaftem Realitätsbezug.
Wahrscheinlich immer zu behütet, dachte ich bei mir, deshalb jetzt das abgerissene Trotz-Outfit.
Die propere Jacqueline hingegen hatte seit ihrem dreizehnten Lebensjahr auf eigenen Füßen gestanden, in der Gastronomie gearbeitet, wollte sich nun endlich etwas anderes suchen, wusste aber noch nicht was. Unterdessen passte sie auf Pascal auf.
„Früher war ich genauso desorganisiert wie er", sagte sie und musste dabei lachen, „wir haben uns sicher nicht umsonst getroffen – ganz am Anfang meines Camino. Pascal ist so ein Chaot, ihm ist sogar seine Kreditkarte irgendwie zerbrochen und jetzt wartet er darauf, dass ihm seine Eltern Geld schicken – in eine der nächsten größeren Städte."
Anderntags war Pascal soweit wiederhergestellt, dass sie weiterziehen konnten.
„Ich glaube, das musste dir jetzt alles passieren – die Krankheit, die zerbrochene Kreditkarte, Jaqueline, die dich puscht", sagte ich zum Abschied, „damit du dann am Ende deines Camino erwachsen bist."
Pascal zog ein schiefes Grinsen, was ihn sehr kindlich aussehen ließ. „Genauso denke ich mir das auch. Das ist schon in Ordnung, wie das alles läuft."
Generell hatte ich den Eindruck, dass diejenigen, die jetzt auf dem Camino waren, mehr als die Pilger anderer Jahreszeiten bereit waren, alle mögliche Unbill zu akzeptieren. Sie beklagten sich nicht über das Wetter, wofür sie im Allgemeinen von vornherein besser ausgerüstet waren, und es

schien ihnen nichts auszumachen, wenn sie kaum etwas von der Landschaft sahen, weil diese von Nebelschwaden verhüllt wurde. Es war ihnen wichtig, den Weg als solchen zu gehen, nachzudenken, in sich zu schauen – schöne Landschaft oder gutes Wetter waren dabei willkommene Zugaben, aber nicht essenziell notwendig. Wenn sie hörten, dass in Rabanal zu dieser Jahreszeit kein Geschäft geöffnet hatte, zuckten sie die Achseln und lamentierten nicht. Sie fragten entweder nach Restaurants oder ob hier auf dem Hof etwas zu essen verkauft würde, nahmen klaglos mit Kartoffeln und Eiern vorlieb, wenn Esperanzas Vorratskammer nichts anderes hergab. Salopp gesagt, sie waren einfach anders drauf als die sommerlichen Wanderer.

Außerdem kannten sie sich fast alle untereinander, was nicht verwunderte, weil weniger Menschen unterwegs und weniger Herbergen geöffnet waren, die Treffpunkte sich also konzentrierten.

„Ist XY schon vorbei gekommen?“, lautete die gängige Frage bei der Ankunft, die Wiedersehensfreude war jedesmal groß und manchen Pilgern liefen Anekdoten voraus oder hinterher, wie zum Beispiel „dem Typen mit dem Regenschirm“.

Bram – eines Mittags, ich war noch in der Familienküche, da hörte ich im Hof meinen Namen rufen, und da stand er mit seinem Schirm als erster Pilger dieses Tages.

Abends lud er mich zum Essen in die Posada ein und dabei erzählten wir uns gegenseitig von unserem Leben und von Fragen, die uns beschäftigten. Bram hatte lange einen kleinen Fachverlag besessen und ihn nun veräußert – „samt Ehefrau“, wie er sagte. Sie arbeitete unter dem neuen Besitzer in derselben Funktion weiter und er hatte sich ein Sabbatjahr genommen, war auf dem Camino gelandet – magisch angezogen und ohne zunächst genau zu wissen, was er dort suchte.

Er hatte einige wenige Bücher dabei, die er schon kannte, nun aber mit neuem Verständnis las. Eines davon hieß „Götter in jedem Mann“, wobei es um Charakterzüge der griechischen Götter ging, die jeder Mann in sich wiederfinden könne – ein interessanter psychologischer Ansatz.
„Ich bin Sternzeichen Zwilling“, erklärte Bram, „und da ist es nicht verwunderlich, dass ich zwei Götter in mir habe, wie mir jetzt erst richtig klar geworden ist. Ich bin sowohl der verschlagene, abenteuerlustige Hermes wie auch der ordnende Apollo und ich muss sehen, wie ich das künftig zusammenbringe.“
Ein Buch „Göttinnen in jeder Frau“ gab es seines Wissens nach leider nicht. Dennoch sinnierte ich laut, von welchen der unsterblichen Bewohnerinnen des Olymp ich Charakterzüge in mir tragen könnte.
„Ich habe sicher etwas von Artemis, immer allein unterwegs auf der Jagd, aber ebenso etwas von Athene, die wegen ihres Intellekts geschätzt wird und dabei doch so gerne auch mal einfach nur Frau wäre. Und als Hospitalera am Camino war ich außerdem noch Hera, die Mütterliche, die sich kümmert. Ich wusste gar nicht, dass ich das auch in mir habe.“
„Ja, ja, der Camino bringt manchmal erstaunliche Einsichten“, nickte Bram.
„Und welche Einsicht hat dir der Camino noch gebracht?“
„Dass ich in Zukunft ganz anders mit meinen Kindern umgehen will.“
Bram hatte einen Sohn und eine Tochter, beide im Teenager-Alter. Nach seiner Rückkehr wollte er ihnen mit neuem Verständnis begegnen: „Schluss mit der Erziehung – jetzt will ich nur noch Ratgeber sein.“
Was für ein liebevoller Vorsatz, freundschaftlichen Beistand anstelle der väterlichen Autorität zu setzen – hoffentlich wussten das seine Kinder zu schätzen.

Hatte ich es zunächst als Herausforderung betrachtet, mich in Rabanal in diese für mich fremdartige Lebenswelt einzupassen, merkte ich bald zu meinem eigenen Erstaunen, dass mir das überhaupt nicht schwer fiel. Mir war nie langweilig und ich sehnte mich nicht weg, im Gegenteil, ich fühlte mich in diesem einsamen, abgeschiedenen Gebirgsdorf immer wohler, wobei es sicher eine große Rolle spielte, dass ich in eine Familie eingebunden war, deren Alltag ich teilte. Anfangs war ich ein wenig unsicher gewesen, wie ich damit klar käme, derart eng mit der Familie zusammen zu sein – und umgekehrt, wie sie mit mir zurecht kämen. In Mansilla hatte ich zwar bereits Familienanschluss gehabt, aber wir hatten nicht unter einem Dach gewohnt. Auch wusste ich erst nicht recht, wie ich Mutter Esperanza und Vater Serafin anreden sollte, ohne respektlos oder zu formell zu sein. Schließlich entschloss ich mich, Josés Beispiel zu folgen und sie beim Vornamen zu nennen.
Ich hätte mir gar keine Gedanken zu machen brauchen, ohne Aufheben wurde ich wie ein Familienmitglied integriert, aber in einer anderen Rolle als in Mansilla. Dort war ich eine Art Schwester-Cousine gewesen, hatte mich mit Ana gut verstanden, weil wir fast gleich alt waren, mit Laura und Rebeca trotz des Altersunterschiedes einige Interessen geteilt. Hier nun nahm ich Isabels Stelle ein, nicht nur was die Arbeit in der Albergue betraf.
*Hija*, Tochter, nannte mich Esperanza, und obwohl das in Spanien eine gängige Anrede von Älteren gegenüber Jüngeren ist, fand ich es nett und fühlte mich in gewisser Weise auch so. Ich mochte Esperanza sehr gern und empfand großen Respekt für sie, nachdem ich mitbekommen hatte, dass der Löwenanteil aller Arbeit in Haus und Hof auf ihren Schultern lastete. Auf den ersten Blick erschien sie in ihrer energischen Tüchtigkeit ein wenig herb, doch schnell entdeckte ich, dass in der etwas rauen Schale eine warmherzige Seele steckte.

Ich sah uns beide jedenfalls als Team, schließlich waren es wir Frauen, die sich morgens gegen neun in der Küche trafen, während die Männer noch schliefen. Die fanden wir erst später, wenn wir bereits allerhand geschafft hatten, am Küchentisch bei Frühstück, Zeitungslektüre und Fernseh-Nachrichten.
Mit Aufräumen und Putzen im Pilgertrakt ließ ich mir für gewöhnlich Zeit, es gab keinen Grund zu hetzen, schließlich war der Tag lang in Rabanal. Anschließend schaute ich, was sonst noch anliegen könnte – Wäsche auf- oder abhängen, das Familienbad putzen, kehren, Geschirr spülen – und wenn ich damit fertig war und das Wetter es erlaubte, ging ich ein, zwei Stündchen in der Umgebung wandern.
Nie bot ich jedoch an, mich um Hühner, Gänse und die drei Schweine zu kümmern, die in den Stallungen jenseits der Scheune gehalten wurden, obwohl das meiner Gastfamilie sicher nicht unrecht gewesen wäre. Aber mit Flattertieren hatte ich es nicht und die massigen Schweine waren mir nicht geheuer. Außerdem fiel das Viehzeug in Serafins Zuständigkeitsbereich, wobei er es am liebsten mochte, wenn Esperanza ihm dabei zur Seite stand. Was ich verstehen konnte, denn Serafin war ein älterer Mann und nicht ganz gesund. Bei José, Mitte dreißig, kräftig und belastbar, sah ich allerdings nicht ein, warum er lediglich dafür zuständig sein sollte, Holz für den Kamin im Pilgerraum und Kohle für den großen Ofen in der Familienküche heranzuschaffen.
„Was macht er eigentlich sonst noch?“, meinte ich einmal zu Esperanza, während sie bügelte und ich spülte. Sie bog diese spitze Frage mit mütterlicher Solidarität ab.
„Im Sommer, wenn hier alles voller Pilger ist, arbeitet José schon viel“, versicherte sie, „aber im Winter ist halt Zeit für *descanso*, zum ausruhen.“
Ich verkniff mir den Hinweis, dass sie selbst ebenfalls ein bisschen descanso wohl mehr als verdient hätte. Hier in die-

sem abgelegenen Gebirgsdorf war die Macho-Welt noch in Ordnung – fragte sich nur, wie lange noch.
„Mir scheint, die spanischen Frauen arbeiten verdammt hart“, sagte ich, um das Thema versöhnlich abzuschließen. Sie nickte und wuchtete einen Kohleeimer in den Ofen.
„Das sag ich dir, Tochter, wir arbeiten wahrhaftig.“
Im Grunde konnte ich Esperanza nur bewundern, schließlich war sie nicht immer hier am Ort gewesen, sondern hatte durchaus über Rabanals Tellerrand hinausgeblickt. In jüngeren Jahren war sie in Madrid in der Hotellerie beschäftigt gewesen, erwähnte sie mal nebenbei, in verschiedenen Funktionen, unter anderem als Köchin.
Deshalb schmeckte ihr Essen auch so lecker und ich fand es lieb, dass sie – wie schon Ana in Mansilla – so viel Rücksicht darauf nahm, dass ich Vegetarierin war. Die Essenszeiten waren für mich zwar wieder gewöhnungsbedürftig, aber immerhin gemäßigter als in Mansilla – schließlich war Winter. Mittagessen um halb drei, Abendessen um neun, daran konnte ich mich gerade noch anpassen.

Gelegentlich fuhr jemand von der Familie mit dem Auto nach Astorga, um Einkäufe oder andere Erledigungen zu machen und wenn es gerade passte, fuhr ich mit und bummelte durch die Stadt. Einmal nutzte ich die Gelegenheit, um mir von Gaspar das Haus zeigen zu lassen, in dem die neue Albergue entstehen sollte. Noch war alles im Rohbau, wir mussten über Balken balancieren, um Löcher im Boden herumturnen. Aber aus dem, was er mir erklärte, konnte ich mir den gemütlichem Aufenthaltsraum und die geräumigen Zimmer ganz gut vorstellen. Gaspar hatte sowohl die Posada in Rabanal wie auch sein Hotel Gaudí in Astorga nach eigenen Plänen sehr stilvoll ausbauen und ausstatten lassen und dabei viel Geschmack bewiesen, seine Herberge würde gewiss ebenfalls ein Schmuckstück werden.

„Ich würde hier gerne irgendwann einmal Hospitalera sein", sagte ich zu ihm, „am liebsten sogar von Anfang an. Aber mein Leben ist derzeit im Umbruch, es wäre falsch, jetzt etwas mit dir auszumachen."

Gaspar nickte und lächelte verständnisvoll.

Auf der Rückfahrt hielt José wieder einmal einen seiner Monologe ohne Punkt und Komma. Hatte ich geglaubt, ich könne gut Spanisch? Weit gefehlt – wenn die Familie sich in rasendem Stakkato austauschte, unterhalten konnte man das eigentlich kaum nennen, bekam ich zwar mit, um was es ging, die Einzelheiten rauschten jedoch an mir vorbei. Und wenn José sich über das Leben und das Verhältnis der Geschlechter zueinander auslies, verstand ich vielleicht gerade mal ein Drittel. Das war sicher auch besser so, sonst hätte ich vermutlich über seine – aus meiner Sicht völlig überholten – Ansichten einen Streit vom Zaun gebrochen.

„Dich verstehe ich gut", sagte ich später zu Esperanza, als wir allein in der Küche aufräumten, „aber bei José kann ich nur raten, was er sagt."

„Denk dir nichts, ich verstehe ihn auch nicht. Er nuschelt, und wenn ich frage: Was hast du gesagt?, meint er bloß: Bist du taub?"

Nachdem wir in der Küche fertig waren, drückte Esperanza mir einen großen Korb in die Hand und nahm selbst einen, rief José und wies ihn an, die Schubkarre zu holen: „Wir gehen in die Äpfel."

Man musste den sonnigen Tag ausnützen, denn das Wetter hatte zu jener Zeit keine klare Linie; Regen, Nebel, stürmischer Wind und strahlend blauer Himmel wechselten einander ab, aber stets war es kalt.

Quer durchs Dorf gelangten wir auf einen glitschigen Feldweg, der an einem Mäuerchen entlang zu einer großen Wiese mit Obstbäumen führte. Die Blätter waren schon fast alle abgefallen, rote und gelbe Äpfel hingen jedoch noch in großer Zahl an den Bäumen, reiften quasi nach. Anders als in Deutschland, wo wahrscheinlich nur die einwandfreien Früchte aufgehoben worden wären, sammelten wir hier alles ein, was im Gras lag, schüttelten die Bäume noch mal kräftig, sammelten wieder ein, auch die Äpfel mit Wurmstichen.

Während wir über den rutschigen Pfad zurück balancierten, vorneweg José mit der vollbeladenen Schubkarre, dahinter Esperanza und ich mit schweren Körben in klammen Händen – da traf mich plötzlich wie ein Blitz eine Erkenntnis. Mit einem Mal wusste ich, dass es bei meinen Hospitalera-Einsätzen nur oberflächlich darum ging, den Camino von anderer Warte aus kennen zu lernen, wie ich immer behauptete, sondern vor allem darum, *mich selbst* von anderer Warte aus kennen zu lernen. Ich sollte dabei erfahren, was ich alles zu tun, zu akzeptieren in der Lage war, wie weit ich mich integrieren konnte in einem fremden Umfeld. Nein, ich hätte nicht immer in einem Ort wie Rabanal mit seinen althergebrachten Strukturen bleiben mögen, aber es war gut zu sehen, dass ich durchaus für eine Zeit dort sein konnte und trotz aller Anpassung mir selbst treu blieb. *Erziehung* war laut Roys Engelskarte, die ich seinerzeit in Molinaseca gezogen hatte, das Thema meiner Hospitalera-Zeit. Womöglich ging diese Erziehung sehr viel weiter, als ich bisher angenommen hatte. Waren meine Einsätze in Pilgerherbergen zugleich Probeläufe für einen Kurswechsel in meinem Leben?

Ich hatte mich so weit an die Sitten des Ortes angepasst, dass ich sogar fast jeden Abend mit Esperanza in die Messe ging. Nicht, dass mich plötzlich tiefe Frömmigkeit gepackt hätte – der allabendliche Kirchgang mit anschließendem Wein bei Gaspar gab vielmehr meinem Tag eine weitere Struktur. Außerdem fand ich es angenehm, in der spärlich beleuchteten, schmucklosen kleinen Kirche zu sitzen und mich in meditativen Gedanken durch die Liturgie gleiten zu lassen. Das mochte vielleicht nicht ganz im Sinne der Heiligen Mutter Kirche sein, aber unfromm fand ich es nicht.

„Sag den Pilgern, wann hier Messe ist", hatte Esperanza mich gleich zu Anfang angewiesen. Ich hatte das nicht sonderlich ernst genommen, weil ich auf meinem eigenen Camino beobachtet hatte, dass die Pilgerkollegen abends in der Regel schnurstracks die nächste Kneipe und nicht eine Kirche ansteuerten.

Hier aber saßen jeden Abend zahlreiche Herbergsgäste in den Kirchenbänken. Es war ihnen wichtig, den Tag besinnlich ausklingen zu lassen, bevor sie sich der Befriedigung ihrer leiblichen Bedürfnisse und damit dem Mesón oder der Posada zuwandten.

„*Una promesa*, ein Gelübde", hörte ich einmal einen jungen Spanier auf die Frage eines anderen Pilgers antworten, warum er den Camino mache. Der nickte daraufhin verständnisinnig, als sei es bei ihm derselbe Grund. Ich wunderte mich insgeheim, denn mit ihrem betont sportlichen Auftreten wirkten die beiden jungen Männer eher, als machten sie den Jakobsweg aus Fitnesserwägungen. So konnte man sich täuschen, die Pilger in dieser Jahreszeit waren tatsächlich ein anderes Kaliber.

Eines Abends, sämtliche Pilger waren längst eingetroffen und hatten es sich gemütlich gemacht, da kamen noch zwei Nachzügler. Ein junges italienisches Paar, er mit dunklem Vollbart, groß und kräftig, ein Bär von einem Mann, sie klein, zierlich mit schwarzen Engelslocken – und unübersehbar schwanger.

Meine Güte, wie Maria und Josef, dachte ich, aber anders als damals in Bethlehem gab es noch Raum in der Herberge, wenn auch nicht mehr viel.

„Hört mal, ihr Pilger“, sagte ich als ich Matteo und Gaia – so hießen die beiden – in den Schlafsaal führte, „hier ist noch ein Paar angekommen, das …“
„Du brauchst gar nicht weiter zu reden“, unterbrach mich ein junger Andalusier, „ich räume meinen Platz und ziehe dahinten hin um, damit die beiden zwei Betten nebeneinander haben.“
Überhaupt waren alle anderen Pilger besonders nett und rücksichtsvoll gegenüber dem jungen Paar. Werdende Eltern auf dem Camino – das war nicht nur anrührend, das hatte geradezu etwas Biblisches.
Nachdem es die ganze Nacht gestürmt hatte, schneite es am anderen Morgen. Matteo bat mich um alte Zeitungen, die ich ihm etwas ratlos gab und mit wachsender Skepsis zusah, wie er sie unter Gaias Pullover schob.
„Das hält den Wind ab“, erklärte er.
Spontan und ohne nachzudenken lief ich in mein Zimmer, griff von meinen warmen Pullovern den mit der unempfindlichsten Farbe. Was brauchte ich drei – zwei waren genug und Gaia hatte ihn nötiger als ich. Erst später wunderte ich mich, dass ich mich so ohne weiteres von einem meiner geliebten Fleecepullis getrennt hatte – ich, die ich sonst nie genug Klamotten haben konnte. Wahrscheinlich war ich tatsächlich dabei, neue Prioritäten zu entwickeln.
Der Pulli passte Gaia, obwohl sie viel kleiner war als ich, reichte gut über ihrem dicken Bauch, die Ärmel konnte sie ja hochkrempeln.
„Warum geht ihr den Weg ausgerechnet jetzt, wo es so kalt ist und Gaia schwanger?“, fragte ich, obwohl ich mir die Antwort eigentlich denken konnte.
„Una promesa“, sagte Matteo denn auch und lächelte, als er mein besorgtes Gesicht sah. „Glaub’ mir, ich denke immer zuerst an Gaia und das Baby und ganz zuletzt erst an mich. Ich passe schon gut auf sie auf. Und im Übrigen – es ist

richtig und sehr gut, dass wir den Camino genau jetzt machen – für uns alle drei."
Gaia lächelte dazu strahlend und vertrauensvoll, als wisse sie genau, dass ihre Pilgerreise unter einem guten Stern stand.
„Ihr müsst uns schreiben, wenn das Baby da ist", sagte Esperanza zum Abschied und steckte den beiden Proviant zu.
Gemeinsam winkten wir ihnen nach, wie sie zum Hoftor hinausgingen, sahen uns an und wussten, dass wir dasselbe dachten: Hoffentlich geht bei denen alles gut.
Den ganzen Tag über fielen dichte Flocken, am späten Vormittag musste ein Schneepflug die Pass-Straße übers Gebirge frei räumen. Es war wirklich Winter geworden.
Nachmittags kam Tomás von Manjarín herunter und stattete uns einen kurzen Besuch ab. Er war auf dem Weg nach Fatima in Portugal, wo er bei der Heiligen Jungfrau für seine krebskranke Freundin beten wollte. Als er mich sah, strahlte er, breitete die Arme aus und zog mich an seine Brust.
„Ich habe schon gehört, dass hier eine deutsche Hospitalera ist – aber ich wusste nicht, dass du es bist. Wie geht es dir?"
„Ganz gut", sagte ich, „wenn man mal davon absieht, dass ich in Deutschland meinen Job verloren habe."
Wir setzten uns zusammen, erzählten, tranken Tee und aßen Pasteles und als sich Tomás anschickte aufzubrechen, bat ich ihn: „Zünde doch bitte eine Kerze in Fatima für mich an, dafür dass ich einen neuen Job finde."
„Das werde ich *nicht* tun", sagte Tomás trocken.
„Aber warum denn nicht?", wunderte ich mich.
Er lächelte und sah mich liebevoll durch seine dicken Brillengläser an. „Ich werde eine Kerze anzünden für *dein Bestes* – was immer das sein mag."

Der November neigte sich seinem Ende entgegen, und ganz allmählich nahm die Zahl der Pilger ab. Ich fragte Esperanza, in welchen Monaten es eigentlich am ruhigsten sei.

„Mitte Dezember bis Ende Februar", meinte sie.
„Und wie ist es Weihnachten?"
„Oh, da haben wir oft ein bis zwei Pilger und die laden wir dann zu uns zum Essen ein."
Ich stellte mir das schön vor, mit der Familie zu feiern, andererseits – was mochte jene Pilger wohl bewegen, ausgerechnet über Weihnachten auf den Camino zu gehen?
An einem Nachmittag, während ich im Aufenthaltsraum noch allein war, blätterte ich das Gästebuch durch. Ich stieß auf Namen, an die ich mich erinnerte, auf eine Botschaft von Celine an Roy damals im Juni – und auf eine Landschaftszeichnung, deren Stil mir bekannt vorkam. Ich sah auf die Unterschrift – ja es war tatsächlich ein Bild jenes Japaners, der mir in Mansilla ein Porträt für meine Zimmertür angefertigt hatte. Sein Stil schien sich noch weiter verbessert zu haben, wieder hatte er Szenen vom Camino festgehalten, detailgetreu und duftig zugleich. Neben sein Bild hatte er Folgendes geschrieben:
„Ich kam hierher, um an meine Frau zu denken, die vor vier Jahren an Krebs starb. Ich reise mit ihr. Ich spreche mit ihr. Wenn ein schöner Baum Schatten auf die prächtigen Sommerfelder wirft, fühle ich, dass sie dort sitzt.
Das Gestern ist unsere Geschichte – das Morgen wird stets Geheimnis sein."
Wenn das nicht ergreifend war – ich konnte nicht anders, ich musste einfach weinen.
Ich erinnerte mich mit einem Mal wieder an Ann, eine liebenswerte ältere Dame aus Südafrika, die ich auf meiner Pilgerreise getroffen hatte. Sie war damals etwa ein Jahr verwitwet.
„Ich mache den Camino mit meinem verstorbenen Mann", sagte sie einmal, als wir über sehr Persönliches miteinander sprachen. „Wir sind zu seinen Lebzeiten viel gewandert und ich habe das Gefühl, er geht jetzt mit mir. Aber

gleichzeitig ist dieser gemeinsame Weg unser endgültiger Abschied voneinander, zumindest in diesem Leben."
Das war mir nahe gegangen, trotzdem traute ich mich nicht, Ann zu gestehen, dass ich Ähnliches erlebt hatte.
Auf einem einsamen Stück Camino irgendwo in der Provinz Burgos hatte ich plötzlich das Gefühl gehabt, nicht allein zu sein – und dieses Empfinden war so konkret, so überwältigend, dass ich kaum atmen konnte und es mir die Tränen in die Augen trieb. Ich wusste genau, wer bei mir war – mein Vater, damals vor zwei Jahren gestorben, meine Mutter, schon lange tot, meine Großeltern, die ich früh verloren, meine Vorfahren, die ich nie gekannt hatte – sie alle gingen hinter mir.
Wenn ich mich jetzt umdrehe, werde ich nichts sehen als die abgemähten Felder und den leeren Camino, dachte ich, und doch weiß ich genau, dass sie da sind.
Sie begleiteten mich, bis das nächste Dorf in Sicht kam, dann fühlte ich, wie sie sich zurückzogen, ich war wieder allein.
Damals konnte ich mit diesem Erlebnis nicht umgehen, schob es auf die Hitze, obwohl ich es besser wusste, verdrängte es schließlich.
Ich musste erst mehrmals zum Camino zurückkommen, hören und es vor allem schwarz auf weiß lesen, wie selbstverständlich andere mit ähnlichen Erlebnissen umgingen, um zu erkennen, dass jene Begebenheit auf den einsamen Feldern damals nichts war, das mir peinlich sein musste, sondern für das ich dankbar sein sollte.
Psychologen mögen jene Begegnung vielleicht als eine Projektion meines Unterbewusstseins werten – und wenn schon! Meine Vorfahren waren gekommen, um mich ein Stück Wegs zu begleiten, mir den Rücken zu stärken, indem sie hinter mir gingen – war es da etwa von Bedeutung, wie diese Vision zustande kam?

Das typische Klick-Klack von Wanderstöcken draußen im Hof riss mich aus diesen Betrachtungen. Die ersten Pilger dieses Tages kamen an, die auch die einzigen bleiben sollten – eine Mutter mit ihrem Sohn aus dem Baskenland, sie um die sechzig, er etwa halb so alt. Die beiden machten es sich vor dem Kamin gemütlich und genossen es, die Herberge für sich allein zu haben.

Anders als im Frühjahr, wo ich zahlreiche Ersatz-Eltern-Kind-Kombinationen beobachtet hatte, waren jetzt tatsächlich einige Väter oder Mütter mit Sohn oder Tochter auf dem Camino. Mir fiel auf, wie liebevoll diese Eltern-Kind-Paare miteinander umgingen, und mir schien auch, dass sie stolz darauf waren, den Weg miteinander zu gehen.

„Ja das stimmt", bestätigten Neil und Kate, Vater und Tochter aus England, die einige Tage zuvor in der Herberge abgestiegen waren, „wir finden das ganz toll, dass wir den Camino zusammen machen."

Kate war Anfang zwanzig, also mehr als flügge, und würde bald aus dem Elternhaus ausziehen und sich eine eigene Wohnung nehmen. Der gemeinsame Jakobsweg vor dem Beginn einer neuen Lebensphase – für beide gleichermaßen – sollte sie noch einmal zusammenschweißen, ihnen etwas geben, an das sie sich gemeinsam erinnern könnten. Warum die Mutter nicht ebenfalls mitgegangen war, wurde mir nicht ganz deutlich, vielleicht hatte sie einfach keinen Urlaub bekommen.

„Mom hätte das auch gefallen – ganz sicher. Vielleicht machen wir den Weg irgendwann noch mal mit ihr", meinte Kate und hob das Kinn in Richtung ihres Vaters. „Oder du machst ihn mit ihr."

Neil nickte bedächtig. „Ich kann mir gut vorstellen, den Camino noch einmal zu gehen.

Aber jetzt müssen wir ihn erst diesmal schaffen." Er verzog das Gesicht. „Wir haben nämlich Probleme mit unseren Füßen. Notfalls müssen wir halt den Bus nehmen."

Letztlich war das aber nicht nötig, die beiden schafften es, den ganzen Weg zu Fuß zurückzulegen – wie mir Kate später per E-Mail berichtete.
Der Camino sei wie ein Traum gewesen, schrieb sie, die schnellsten fünf Wochen, die sie je durchlebt habe, und gewiss werde sie ihn irgendwann noch einmal gehen.
„In Santiago haben wir das junge schwangere Paar aus Italien getroffen, von dem du uns erzählt hast", teilte sie mir außerdem mit. „Sie waren entzückend und beide sahen irgendwie leuchtend aus. Du hast recht, sie schienen wirklich wie Maria und Joseph."

Isabel hatte von unterwegs immer wieder angerufen und Positionsmeldungen abgegeben. Sie und ihre Wanderkumpanen lagen gut in der Zeit, erreichten Santiago, wie sie es sich vorgenommen hatten, und José schickte sich an, sie dort mit dem Auto abzuholen.
Sollte ich mitfahren? Schließlich ging mein Rückflug ab Santiago. Aber ich fand es besser, Isabel daheim in der Herberge die Amtsgeschäfte wieder zu übergeben, anstatt ihr in Santiago gleichzeitig Guten Tag und Auf Wiedersehen zu sagen.
Somit hatte ich noch ein gemütliches Wochenende in Rabanal, mit sonntäglichem Familienmittagessen, zu dem Pfarrer des Ortes geladen war – so was kannte ich sonst nur aus alten Filmen.
Tags darauf fuhren Isabel und José für Besorgungen nach Astorga und nahmen mich mit, damit ich mir mein Busticket nach Santiago kaufen konnte. Den Rückweg machte ich zu Fuß. An einem sonnigen kalten Tag nahm ich auf diese Weise Abschied vom Camino – für dieses Jahr. Irgendwann würde ich wiederkommen, das stand fest.
Bevor ich am anderen Morgen abfuhr, wollte ich ein Familienfoto von uns allen machen – aber die Männer tauchten nicht

auf der Bildfläche auf, schliefen wie üblich länger. Deshalb gibt es nur ein Abschiedsbild von Esperanza und mir, auf dem wir im Patio stehen, sie mit Schürze, ich im dicken Pulli. Arm in Arm strahlen wir in die Kamera und im Grunde entsprach dieses Foto meiner Zeit in Rabanal mehr als es ein Bild von der ganzen Familie getan hätte. Esperanza war meine wichtigste Bezugsperson gewesen – und Gaspar.

Um ihm Lebewohl zu sagen eilte ich noch rasch in die Posada. Scheinbar sehr beschäftigt kruschtelte er hinter dem Tresen und ich ahnte, sentimentale Abschiede waren ganz und gar nicht seine Sache.

„Ich wollte dir noch einmal danken für alles – für deine Freundschaft, deine Großzügigkeit, deine Hilfsbereitschaft“, sagte ich trotzdem, „und ich fand es sehr schön, dass ich hier bei dir in der Posada immer eine Anlaufstelle hatte.“

Er lächelte ein wenig verlegen, aber gerührt. „Es war schön, dass du da warst. Und du sollst wissen, du bist hier immer willkommen – sei es als Touristin, als Pilgerin, als Hospitalera, als Freundin des Hauses – oder als bezahlte Angestellte.“

Er hätte mir nichts Besseres zum Abschied sagen können.

Mit dem Marktbus fuhr ich nach Astorga, kaufte mir dort noch etwas Proviant für die Fahrt und nahm den Überlandbus nach Santiago.

# Santiago - Ende und Anfang aller Wege

Es ist immer wieder herzzerreißend, in Santiago anzukommen. Der Stolz und das Glück, es geschafft zu haben, mischt sich mit schmerzlicher Wehmut, dass die wunderbare Zeit am Jakobsweg nun zu Ende ist – das ging mir als Pilgerin nicht anders wie als Hospitalera. In beiden Fällen wartete nun wieder der normale Alltag auf mich, galt es, zurück zu kehren auf den Camino des Lebens.
Bei meiner Pilgerreise war die Etappe nach Santiago die längste des ganzen Weges gewesen. Uschi, meine Wandergefährtin der letzten Tage, und ich hatten uns eigentlich mehr Zeit lassen, unterwegs noch einmal übernachten wollen. Aber dann entwickelte die Stadt einen unwiderstehlichen Sog und obwohl es ein glühend heißer Tag war, marschierten wir immer weiter. Um halb neun Uhr abends betraten wir schließlich die Kathedrale, sahen im schummrigen Licht die silberglänzende Figur des Heiligen Jakobus über dem Hochaltar – und konnten es kaum fassen: Wir hatten es wirklich und wahrhaftig geschafft, hatten unseren Camino vollendet.
Während es mir seinerzeit nicht schnell genug gehen konnte, Santiago zu erreichen, war ich nun froh, dass es lange dauerte. Denn wenn ich erst dort angekommen war, würde ich nur noch zwei Tage haben, bevor es zurück nach Deutschland ging.
Während der Bus Schlangenlinien durch Galicien fuhr und Umwege über viele Ortschaften machte, zog ich die Bilanz meiner Hospitalera-Zeit. Meine Einsatzorte mit ihren jeweiligen Erfahrungen hatten aufeinander aufgebaut wie Stufen einer Treppe, ich hätte sie in gar keiner anderen Reihenfolge absolvieren dürfen. Angetreten war ich mit dem journalistischen Eifer, die Magie des Camino auszukund-

schaften – gepaart mit dem eitlen Ehrgeiz, eine so hervorragende Hospitalera zu sein, dass ich allen Pilgern unvergesslich bliebe.
Letztlich waren aus den ultimativen Recherchen zu einem nicht-fassbaren Phänomen Momentaufnahmen von einem merkwürdigen Jahr an einem magischen Pfad geworden – und dieses Ergebnis empfand ich keineswegs als unbefriedigend. Schon im nächsten Jahr konnte sich der Camino ganz anders darstellen, als ich ihn erlebt hatte. Alles war hier ständig im Fluss, neue Herbergen machten auf, andere wurden geschlossen, wechselnde freiwillige Hospitaleros drückten den Albergues ihren Stempel auf und jedes Jahr machten sich andere Pilger auf den Weg. Genau dieser ständige Wechsel, das immer Neue, war ja auch das Schöne am Camino.
Und was meinen eitlen Anspruch, eine unvergesslich hervorragende Hospitalera zu sein, betraf – es war mir nicht mehr wichtig, ob und wie viele der weit über 1500 Pilger, die während meiner Dienstzeiten durch die jeweiligen Herbergen gekommen waren, sich an mich erinnerten. Ich wusste, dass ich einen guten Job gemacht hatte – das allein zählte.
Überhaupt hatte ich mich ganz schön verändert in meiner Hopsitalera-Zeit, gemäß dem Motto von Roys Engelkarte – *Erziehung*. Viele Ecken und Kanten, entwickelt in langen mehr oder weniger unfreiwilligen Single-Jahren, wurden mir abgeschliffen. Daneben lernte ich eine Menge über das, was in mir steckte, ich bislang aber weder entdeckt, noch herausgelassen hatte. Insgesamt gesehen fand ich, dass ich bescheidener geworden war, flexibler, geduldiger und herzlicher – keine schlechten Voraussetzungen, wenn man eine neue Arbeitsstelle sucht. Wahrscheinlich passte ich ohnehin gar nicht mehr in meinen alten Job. Womöglich würde ich in zehn Jahren rückblickend sagen, dass jene Kündigung damals das Beste gewesen sei, was mir hatte passieren können.

In Santiago ging ich – wie einst als Pilgerin – zuerst in die Kathedrale.
„Ich bin wieder da", flüsterte ich, als ob die silberne Figur des Heiligen Jakobus, die über dem Hauptaltar thronte, darauf antworten könnte. Es war Abend, die Kirche anheimelnd schummrig und fast leer und ich fühlte wieder dieses seltsame Prickeln in Körper und Seele, das ich jedes Mal dort empfand, wenn mich nicht gerade Touristengruppen einkeilten. Matthias hatte gesagt, die Energie werde immer größer, je näher man Santiago komme. Befand ich mich nun tatsächlich am Endpunkt einer kosmischen oder sonstigen Kraftlinie – an einer bereits in vorchristlicher Zeit heiligen Stätte?
Ach, ich sollte das journalistische Hinterfragen endlich lassen und einfach nur froh sein, dass ich an einem Platz stand, dessen Energien, Schwingungen, oder was auch immer, den meinen entsprachen und mich „Zuhause" fühlen ließen.
Von der Kirche waren Uschi und ich seinerzeit ins Pilgerbüro gehastet, wo uns, den letzten Ankömmlingen dieses Tages, die *Compostelas* ausgestellt wurden, jene Urkunden in lateinischer Sprache, die uns die Vollendung unserer Pilgerreise bestätigten. Danach zogen wir in eine Kneipe nicht weit entfernt und feierten unsere Ankunft, den Camino, uns selbst, das Leben als solches.
In genau diese Kneipe ging ich auch jetzt, bestellte mir wie damals einen Wein. Ich hatte mein Glas noch nicht ausgetrunken, als Bram hereinkam und sich ganz selbstverständlich neben mich an den Tresen stellte. Es war, als hätten wir uns dort verabredet, dabei hatten wir lediglich gehofft, uns wiederzusehen, denn wie wir in Rabanal feststellten, entsprach die Zeit, die er noch für seinen Camino brauchte, in etwa der Dauer meines Aufenthalts in der Herberge. Dass wir uns derart einfach treffen würden, damit war nicht zu rechnen gewesen. Im Übrigen hätte ich keinen Tag später

ankommen dürfen, am anderen Morgen ging Brams Flugzeug zurück nach Holland.
Nachdem ich in derselben kleinen Pension wie damals als Pilgerin eingecheckt hatte, gingen wir zusammen essen. Ich hatte Bram nie gefragt, warum genau er sich auf den Camino gemacht hatte und was speziell er dort finden wollte – aus dem, was er von sich aus bereits erzählt hatte, wusste ich, dass es ihm ähnlich ging wie mir. Er war auf einer Art Selbsterkenntnistrip und suchte die Richtung für seinen zukünftigen Lebensweg.
„Es ist wirklich erstaunlich, über was man sich alles klar wird auf diesem Camino. Man entdeckt Dinge, die schon immer da waren, die man aber nicht sehen konnte", sagte er jetzt dementsprechend. „Das ist wie mit diesen gelben Pfeilen, den Flechas, die den Weg markieren. Manchmal denkt man: Da ist ja gar kein Pfeil – wo geht es jetzt lang? Und dann schaut man sich um und entdeckt mit einem Mal doch einen und er war die ganze Zeit da, man hat ihn bloß nicht gesehen." Er lächelte. „Darum habe ich das auch als Motto für meinen Camino genommen: Es ist schon da, aber man sieht es nicht."
Wir schwiegen eine Weile und sahen jeder für sich vor seinem inneren Auge eine Reihe von Flechas, im tatsächlichen wie übertragenen Sinne, die wir lange Zeit übersehen hatten.
Vielleicht war ja alles ganz einfach, überlegte ich. Vielleicht war die viel beschworene Magie des Camino eigentlich die Magie in uns selber – und der Camino war lediglich die Antenne, die uns an unsere eigene Magie anschloss. So besehen schien die Idee von den Ley-Linien weniger absurd, wie sie mir anfangs vorgekommen war, oder die Theorien von anderen besonderen Energiebahnen über, unter oder auf dem Camino.
Andererseits – war es wirklich so wichtig, die Magie des Jakobsweges bis ins Letzte erklären zu können? War es nicht das

Wesen von Magie, das sie letztlich unerklärlich bleiben musste? Das einzig Wichtige war doch, dass sie wirkte – bei den einen schnell, bei anderen langsamer und bei manchen auch gar nicht, wenn für sie die Zeit dafür noch nicht reif war.
Am anderen Morgen tranken Bram und ich noch zusammen Kaffee, tauschten Adressen aus und dann machte er sich auf mit seinem Rucksack und seinem Regenschirm – Richtung Flughafenbus und weiter nach Hause – und ich wusste nicht, ob ich jemals wieder etwas von ihm hören würde.
So ist das mit allen Beziehungen, welcher Art auch immer, die auf dem Camino entstehen, und mögen sie noch so intensiv gewesen sein – sentimentaler Abschied in Santiago, vielleicht noch verzögert durch ein paar zusätzliche Urlaubstage – aber dann muss unweigerlich wieder jeder für sich seinen Weg gehen.
David und ich verzögerten damals unseren Abschied, indem wir nach Fisterra fuhren, um am Ende der Welt symbolisch ein paar Sachen zu verbrennen, die wir auf dem Camino getragen hatten. Wir hatten uns sehr keltisch gefühlt, sehr verbunden mit uralten Zeiten, wie wir da standen auf einer Klippe hoch über dem Meer und im Sonnenuntergang unser Feuer bewachten.
„Was meint ihr", fragte eine Pilgerin, die wir in Fisterra getroffen hatten, am endgültig letzten Tag beim Frühstück unter Santiagos Arkaden, „war das alles nur Zufall, dass wir einander begegnet sind?"
„Nein", sagte David damals mit dem Brustton der Überzeugung. „Es gibt keinen Zufall. Ich *musste* Elisabeth treffen."
Umgekehrt empfand ich es genauso, ohne David wäre mein Camino nicht derselbe gewesen.
Ich flog zurück nach Deutschland und David blieb noch ein paar Monate in Santiago, um Englischunterricht zu geben und besser Spanisch zu lernen. Wir hielten über Mails und Telefon Kontakt, der einschlief, als David nach Irland

zurückkehrte. Er war wieder bei seinen leiblichen Schwestern, unsere Ersatz-Geschwisterbeziehung hatte sich damit überlebt – und das war völlig in Ordnung so. Vieles, was man auf dem Camino braucht und bekommt, ist eben nur für die Dauer des Weges bestimmt.

Doch es gibt auch Beziehungen, die bleiben oder die erst nach dem Camino richtig blühen.

Uschi beispielsweise war auf ihrem Pilgerweg immer wieder einem Franzosen begegnet, Norbert, den sie sehr nett fand und umgekehrt er sie auch – aber irgendwie blieb das Ganze im Unverbindlichen stecken. Über freundschaftliche Gespräche in geselliger Runde kamen die beiden nie hinaus. Kaum zurück daheim, erhielt Uschi jedoch eine Mail von Norbert, in der er sich anklagte, ein unglaublicher Narr gewesen zu sein, ein Vollidiot, weil er ihr nicht schon auf dem Camino seine Liebe gestanden habe.

Heute leben die beiden zusammen in Paris.

Eine der Freundschaften, die über meine Pilgerreise hinaus andauerten, war die mit Andrea, einer jungen Studentin aus Santiago. Obwohl sie altersmäßig meine Tochter hätte sein können, verband uns – beide Einzelkinder – eine schwesterliche Beziehung. Andrea hatte nach dem Camino ebenfalls beschlossen, im darauf folgenden Jahr dort als Hospitalera zu arbeiten, hatte dazu an einem von Pater José Ignacios Cursillos teilgenommen und mir darüber vage berichtet. Nun freute ich mich doppelt, sie wieder zu treffen, als Freundin und als Kollegin, wollte wissen, wie es ihr als Hospitalera ergangen war.

Andrea hatte im Hochsommer, der Zeit des größten Trubels, in verschiedenen großen Herbergen in Galicien gearbeitet. Da all diese Häuser auf den letzten 100 Kilometern des Camino lagen, unterschieden sich ihre Erfahrungen gewaltig von den meinen. Ständig hatte sie sich genervten, anmaßenden, rück-

sichtslosen Menschenmassen ausgesetzt gesehen, persönlicher Kontakt war kaum möglich gewesen.
„Du kannst dir das nicht vorstellen, wie die sich aufgeführt haben“, Andrea schüttelte in Erinnerung daran den Kopf, „wir haben drinnen noch geputzt, da haben sie draußen schon an die Tür gehämmert und getreten. Wenn wir dann aufmachten, stürmten sie so brutal an uns vorbei, dass ich ein paar Mal fast umgestoßen wurde.“
Der Run auf die Herbergsbetten – sie hatte ihn hautnah in seiner übelsten Form mitbekommen. Meist konnten die Albergues gar nicht alle aufnehmen, die hinein wollten, mitunter mussten Ausweichquartiere zu Verfügung gestellt werden.
„*Polideportivo* – Sportanlagen“, meinte Andrea lakonisch, „das ist das Wort, das du dir für die Hochsaison merken musst. Turnhallen und so wurden für die Pilger aufgeschlossen und da konnten sie ihre Matten auf dem Boden ausrollen. Das war natürlich total ungemütlich, außerdem haben die Sanitäranlagen oft nicht gereicht, klar, dass deshalb viele Pilger nicht gerade gut drauf waren.“
„Konntest du denn wenigstens irgendetwas, was du in deinem Cursillo gelernt hattest, anwenden?“, wollte ich wissen.
„Pah“, Andrea schüttelte lachend den Kopf. „Keine einzige Blase habe ich verarztet, obwohl ich das toll gelernt hatte. Dazu wäre überhaupt keine Zeit gewesen.“
Kein Wunder, dass sie von ihrer Hospitalera-Zeit nicht so begeistert war wie ich von meiner. Drei Kreuze sollte ich schlagen – was hatte ich doch für ein Glück gehabt – mit meinen Einsatzzeiten, den Orten und den Menschen, die mir dort begegneten.

Zum Abschluss einer Pilgerreise gehören in Santiago neben dem Besuch der Pilgermesse, Beichte und Kommunion einige Rituale, die von alters her vollzogen werden. So legt der Pilger beim Betreten der Kathedrale seine rechte Hand auf

eine Säule am *Pórtico de la Gloria*, dem Säulengang der Herrlichkeit. Man kann die entsprechende Stelle nicht verfehlen, tiefe Fingerabdrücke im Marmor zeugen von den Abermillionen Pilgern, die hier ihrer Reise ebenso beendet haben. Hinter dem Hauptaltar führt dann eine Treppe zu einer kleinen Kapelle hinauf. Meist steht dort eine längere Schlange an für den so genannten *Abrazo*, die traditionelle Umarmung der Statue des Apostels. Schließlich bleibt noch, zur Grabkapelle mit dem prächtigen silbernen Reliquienschrein hinab zu steigen, um dem Heiligen Jakobus Ehrerbietung zu erweisen.
Auch wenn ich diesmal nicht als Pilgerin im eigentlichen Sinne kam, legte ich doch meine Finger an die Säule, gab der Heiligenfigur einen Abrazo und stieg in die Grabkapelle hinab. Es war schon Abend und die Kathedrale recht leer und in der Kapelle betete einzig eine junge Frau. Ich kniete mich neben sie, barg das Gesicht in den Händen, weniger um zu beten, als um mich in Gedankenleere zu versenken. Mit einem Mal meinte ich, Flüstern zu hören.
Bin ich jetzt übergeschnappt und hör schon Stimmen, dachte ich erst ein wenig erschrocken, merkte dann aber, dass die Stimmen zwei alten Frauen gehörten, die um den Schrein herum sauber gemacht und frische Blumen aufgestellt hatten. Nun waren sie fertig, schlossen das Gitter vor der Grabnische auf und kamen heraus. Während die eine es eilig hatte und davon strebte, nestelte die andere an ihrem Schlüsselbund und sah uns nachdenklich an.
„Na, ihr Mädchen“, meinte sie schließlich, „seid ihr beiden aus Santiago?“
„Nein“, schüttelte meine Banknachbarin den Kopf , „ich bin aus Galicien.“
„Und ich bin aus Deutschland.“
Die alte Frau nickte und gab sich einen Ruck. „Möchtet ihr mal kurz hinein zum Schrein des Heiligen Jakobus?“

Statt einer Antwort sprangen wir beide synchron auf, stürzten in die Grabnische, sanken auf die Knie, legen Hände und Stirn auf das kalte Silber des Schreins.
Ich habe kein Gefühl dafür, wie lange wir dort so knieten, während ich meinte, mein Herz im ganzen Körper klopfen zu spüren. Nein, ich glaubte nicht, dass wirklich die Gebeine des Heiligen Jakobus in diesem Schrein ruhten – aber das spielte letztlich keine Rolle, trotzdem hatte er eine große Bedeutung für mich.
In diesem Schrein am Ende einer schwierigen Wallfahrt sah ich das Symbol für die Suche der Menschen nach dem Göttlichen, egal was jeder Einzelne für sich darunter verstehen mag, wofür er aber bereit ist, größte Mühen auf sich zu nehmen.
Dass ich dieses Symbol jetzt zum Abschluss meines langen inneren und äußeren Weges im wahrsten Sinne des Wortes mit Händen greifen durfte, empfand ich als ein unermessliches Geschenk, als eine Antwort ...
Irgendwann drängte uns die alte Frau, die Grabnische zu verlassen. Ich umarmte und küsste sie zum Dank, sagen konnte ich nichts, meine Kehle war wie zugeschnürt.
Wie ich aus der Kathedrale wieder herausgekommen bin, weiß ich nicht mehr. Wahrscheinlich bin ich geflogen.

An meinem letzten Tag in Santiago ging ich mittags in die Pilgermesse. Es herrschte graues winterliches Wetter, nur wenige Pilger waren angekommen und saßen in den Kirchenbänken, dazu ein paar Hausfrauen mit schweren Taschen, die zwischen den Einkäufen die Messe besuchten.
Der Priester sprach natürlich über den Camino, verglich ihn, wie üblich, mit dem Lebensweg.
Auf dem Weg durch unser Leben, so sagte der Pater, könne es vorkommen, dass wir nicht mehr wüssten, wo es langginge. Wir seien verwirrt, verirrten uns in Sackgassen, wüssten gar nicht mehr, wo wir eigentlich ankom-

men wollten. In solchen Fällen sei es gut, einen tatsächlichen Weg – eben den Camino – zu gehen, um wieder ein Gefühl für die richtige Richtung auf unserem Lebensweg zu bekommen.

Ähnliches hatte ich schon oft gehört, aber diesmal nahm ich es anders auf. So viele Menschen waren mir begegnet, die auf dem Camino Antworten auf wichtige Fragen in ihrem Leben suchten. Ich hingegen hatte erstmal eine Frage gesucht und weil ich generell ein Spätzünder bin, hatte ich, um das zu erkennen, sowohl eine Pilgerreise wie auch mehrere Hospitalera-Einsätze gebraucht.

Die Frage, die sich mir auf dem Camino stellte, lautete: Willst du wirklich so weitermachen mit deinem Leben, mit dem du derart unzufrieden bist?

Für die Antwort auf diese Frage brauchte ich wahrhaftig keinen brasilianischen Großgrundbesitzer – mittlerweile konnte ich sowieso nur noch den Kopf schütteln, wie ich dazu kam, eine solch dämliche Kleinmädchen-Phantasie zu spinnen. Na ja, wahrscheinlich hatte ich zu viele Hollywood-Schinken gesehen.

Denn mit der Beantwortung dieser Frage hatte ich – obwohl mir das erst jetzt bewusst wurde – längst selbst begonnen.

Nach meiner Pilgerreise fand ich, dass ich viel zu viel Ballast mit mir herumschleppte, mistete Wohnung und Keller aus, verkaufte Kisten von überflüssigen Dingen, die ich doch nie mehr brauchen würde, auf dem Flohmarkt.

Nach meinem ersten Hospitalera-Einsatz kündigte ich die Wohnung in der Stadt, in der ich schon lange nicht mehr sein wollte, obwohl ich in der Stadt, wo ich gern hinwollte, noch keine Bleibe hatte.

Nach dem nächsten Einsatz bestellte ich den Möbelwagen, obwohl ich immer noch keine neue Wohnung hatte, um meine Habe erstmal auf dem Dachboden einer Freundin zwischenzulagern. Fünf Tage vor dem festgesetzten Termin

fand ich in meiner Wunsch-Stadt genau die passende Wohnung und dirigierte den Möbelwagen dorthin.
Nach meinem letzten Einsatz als Hospitalera schließlich krempelte ich mein ganzes Leben um.
Aber das ist eine andere Geschichte – und die soll ein andermal erzählt werden.

Jede Etappe bietet ein anderes Landschaftsbild:
der über 700 Kilometer lange Jakobsweg

# Aus unserem Verlagsprogramm

## Chroniken

**1200 Jahre wunderbares Halle**
Matthias Maurer | ISBN 3-938227-18-4 | 20,00 EUR

## Erzählungen

**Wohin mit den abgeliebten Frauen**
Winora Antonia Collini | ISBN 3-937027-90-4 | 9,00 EUR

**Mondgeschichten aus allen Erdteilen**
Friedrich Sprenger | ISBN 3-938227-07-9 | 17,80 EUR

**15 Jahre Probezeit**
Angelika Reinsch | ISBN 3-938227-14-1 | 9,90 EUR

**Die Nomadin**
L. Abed | ISBN 3-938227-17-6 | 6,80 EUR

## Kinderliteratur

**Die Kinderinsel**
Heinrich Thies | ISBN 3-937027-94-7 | 9,60 EUR

**Lockerlangbarts Geheimnis**
Reinhard Bernhof | ISBN 3-937027-97-1 | 11,00 EUR

**Als Arzt in Indien**
Gerhard Trabert | ISBN 3-937027-99-8 | 9,80 EUR

**Ein verrückter Dieb**
Irene Sander | ISBN 3-938227-04-4 | 8,20 EUR

**Zwei Freunde und ein Papagei**
Irene Sander | ISBN 3-938227-05-2 | 8,00 EUR

## Lyrik

**Ding & Wort**
Angelika Arend | ISBN 3-938227-03-6 | 9,80 EUR

**Liebe – Alles, was bleibt ...**
Heide Gronki | ISBN 3-938227-09-5 | 14,50 EUR

**Ausgesprochen angesprochen**
Sigrid Mayr-Gruber | ISBN 3-938227-11-7 | 9,90 EUR

**Du und Ich**
Rolf Burmeister | ISBN 3-938227-15-X | 6,60 EUR

## Romane

**Lucias neue Welt**
Sigrid Mayr-Gruber ISBN 3-937027-78-5 13,50 EUR

**Die Legende vom Grottenstein - Band I und II**
Margret Richter ISBN 3-937027-92-0 28,50 EUR

**Schauspielerleben**
Matthias Weißert ISBN 3-938227-19-2 14,50 EUR

## Biografien – Zeitzeugenberichte

**Bleib übrig**
Ursula Waage ISBN 3-937027-57-2 8,50 EUR

**Die Flucht ins Reich**
Adolf Ramisch ISBN 3-937027-77-7 26,50 EUR

**Bilder einer Kindheit**
Christel Klückmann ISBN 3-937027-82-3 7,50 EUR

**Die Elvis-Fanfare**
Eckhard Pietzak ISBN 3-937027-89-0 28,50 EUR

**Traumschiff S.S. Columbus**
Gerhard Berger ISBN 3-937027-98-X 14,80 EUR

**Walter Bauer –**
**Ein Lebensweg von Merseburg nach Toronto**
Günter Hess ISBN 3-938227-01-X 21,00 EUR

**Absturz – Wie ich den Niedergang der DDR erlebte**
Gerhard Thielemann ISBN 3-938227-06-0 9,80 EUR

**Ich schrieb die Zeilen mit freudiger Hand ...**
Alfred Dichmann ISBN 3-938227-08-7 19,80 EUR

**Der Freiträumer**
Mario Goldstein ISBN 3-938227-21-4 11,50 EUR

## Reiseliteratur

**Impressionen Japan/Tokyo**
Rudolf Hufenbach ISBN 3-937027-34-3 8,50 EUR

**Romagna Mia**
Hans-Georg Wodrig ISBN 3-938227-16-8 8,50 EUR

## Kriminalliteratur

**Sondereinheit Jaguar**
Petra Bopp ISBN 3-937027-79-3 15,00 EUR